これからの暮らしに
ちょうどいい。

楽しく続けられる

和の習慣70

君野倫子

エムディエヌコーポレーション

はじめに

美しいと感じること。
楽しいと思えること。
面白いと感じること。
大切にしたいと思うこと。
守りたいと思うこと。

こうした気持ちは、その人の中の「芯」のようなものによるのだと思うのです。そして、この「芯」はお金で買えるものではなく、日々の営みから少しずつ形づくられるのだと思います。言葉にしてしまうと、なんだかフワッとしてしまいますが、おそらく、この形づくられたものを「豊かさ」と呼ぶのだと思います。

私の海外暮らしも十年になります。海外に出ると、あらためて自分のアイデンティティを認識させられる機会が多くあります。それは大きな世界地図から小さな日本を探して、何度も確認しながらピンを刺すような作業だな、と感じます。そうそう、私はどこにいても、心は「ココ」ね……みたいな。

心のどこかに郷愁を抱えつつ、外の世界に出ていくバランスが私にはとても心地いいのです。

日本の常識は世界の常識ではなく、海外に出た時に感じる違和感や発見みたいなものからこそ、あらためて日本の魅力が見えてくることがあります。

２０２０年、世界中の誰もが予期しなかった大きな変化を目の当たりにして、多くの人が自分は「何を信じるのか」「何を大切にするのか」を見つめ直すことになったと思います。そして、それぞれが誰と、どんなふうに暮らしていくか考えさせられた年だったように思います。もちろん、私も。

今の私たちのライフスタイルは決して昔ながらの「ザ・和風」ではありません。が、よりどころとなる「芯」は、日本人ならではの和の習慣の中にあり、そこには心の持ち方、心の伝え方、モノの扱い方、人を思いやる気持ち、感謝の表し方など、自分は「何を大切にするのか」へのヒントがたくさんちりばめられているように思うのです。

ここにご紹介したのは、あらためて私が美しい、楽しい、面白い、そして大切に守りたいと思う70の和の習慣です。この本を開いてくれたあなたが、この中の一つでも、楽しく続けていける和の習慣を見つけ、心の中の豊かさに気づいてくれたらうれしいです。

君野倫子

もくじ

1

装い

リユース可能 サステナブルな着物の魅力

海外で着物を着ていると、帯を見て「その背中のものには何を入れているの？」とビックリするような質問をされることがあり、たしかに着物って不思議なものだなぁ、と思います。

海外で暮らすようになってから10年になりますが、着物について聞かれることが多く、あらためて着物の素晴らしさって何だろうと考える機会が増えました。

着物には、その歴史、素材、職人さんの技が生み出す美しい織りや染め、刺繍や絞りなど、世界に誇れる素晴らしさがたくさんあります。でも、着物の素晴らしさとは、私なりに出した答えは、洋服にはない何代にもわたって受け継ぐことができる日本ならではの「サステナビリティ」文化だと思うのです。

現在では、着物はすっかり晴れの日の装いになってしまいましたが、そもそも老若男女、誰もが日々、着物を着ていた時代があるのです。あらためて、その中で生まれた習慣を見ると、着物の素晴らしさが見えてきます。

着物の形と構造

着物は基本的に幅36㎝、長さ12ｍの反物から各部分を直線裁断で切って仕立てられます。そして、汚れたら各部分を解いて、元どおりに縫い合わせると反物に戻り、反物にして洗うのです。最近は、洗いは専門店に出しますが、昔は自宅で反物を板に張って乾かす光景が見られました。きれいになったら、着る人に合わせて仕立て直します。大人が着ていたものを解いて洗い、娘や孫のために仕立て直すことはよくあることでした。単衣《ひとえ》の着物を解いて洗い、冬に備えて袷《あわせ》に綿を入れて仕立て直したり、季節に合わせて家族全員の着物の管理をするのは、女性の大きな仕事でした。大正、昭和初期までお裁縫が苦手な女性たちは「着物1枚縫えなくて嫁には行けない」と悩んだそうです。

また、私が「着物ってすごい！」と思う点で、よく海外の人に話すのは、畳むと厚み1㎝ほどになって場所を取らないこと。着物は多少の大きさの違いはあれど、基本、誰が着るものも同じ形をしていること、畳むと1㎝の厚みになってしまうこと。これは着るものとして、なかなかすごい構造だと思うのです。

着物のトランスフォーマー

その昔、庶民は贅沢ができなかったので、なるべく無駄のない生活を心がけていました。着物は古くなったら長襦袢として着て、長襦袢は布団ガワに、座布団はふきん、ふきんは雑巾に、雑巾として十分使ったら切り裂いてはたきにして最後は燃やして灰にして畑に撒きました。この着物のトランスフォーマーぶりはエコで日本人らしい智慧だと思うのです。

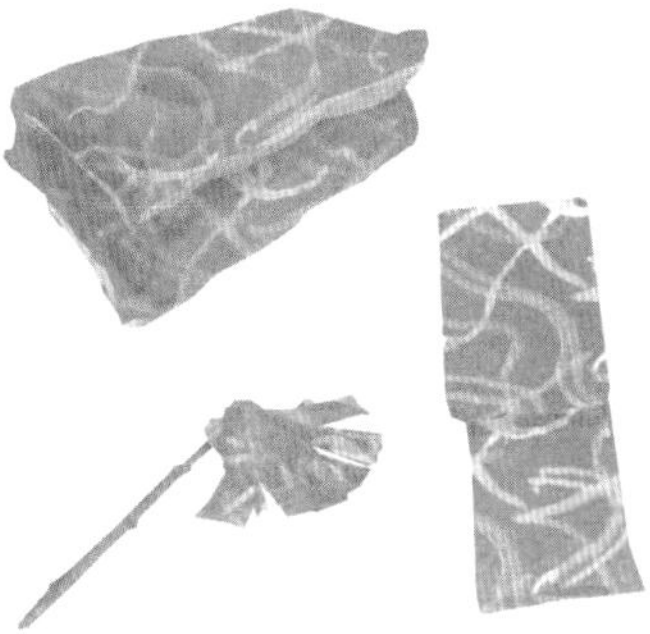

着物を長持ちさせるコツ まず手を洗うことから

着物は着てみたいけど、なかなか飛び込めないハードルの一つは「お手入れ」ですよね。着物＝絹物だと思っている方も多いですが、着物にも絹の他に、ウール、デニム、木綿、ポリエステル、麻など、自分でお手入れできる素材の着物があります。洋服同様、その素材によってのお手入れ方法の違い、自分でできること、専門店にまかせることがあります。また、着物には洋服とは違った気をつけたいポイントもあります。着物は大切に着れば、何十年も長持ちして、次の世代にまで渡すことができます。お気に入りの着物を長持ちさせるために、ちょっとした日頃の心がけたいことを覚えておきましょう。

着る前の心がけ

着物を長持ちさせるために着た後のお手入れにばかり気をとられますが、意外に忘れがちなのが着る前に「手を洗うこと」です。洋服と違って、着付けをする時、着物や帯を手でこすったり、なぞったりしながら着ます。お化粧後で手が汚れていたり、汗をかいていたりすると、そのまま汚れがついてしまいます。また、指輪などは着物や帯を傷つけるので外しておきましょう。

着た後のルーティン

1 ―ブラシでほこりをはらう。

2 ―衿、袖口、裾、左前身ごろの4カ所をチェック。

3 ―着物、帯はハンガーにかけて湿気を取る。

素材別のお手入れの基本

絹物

基本的にお手入れは専門店に出します。湿気や水分に弱いので、水分を含むと生地がたるんだり、縮んだり、カビが生えたり。汗、油の汚れは長くほおっておくとシミになるので汚れの早期発見が大切です。

木綿・麻・ウール・ポリエステル

基本的に、手洗い用洗剤などで、おうちでお手入れができます。畳んで手洗いするか、畳んで洗濯ネットに入れて「手洗いモード」で洗濯します。

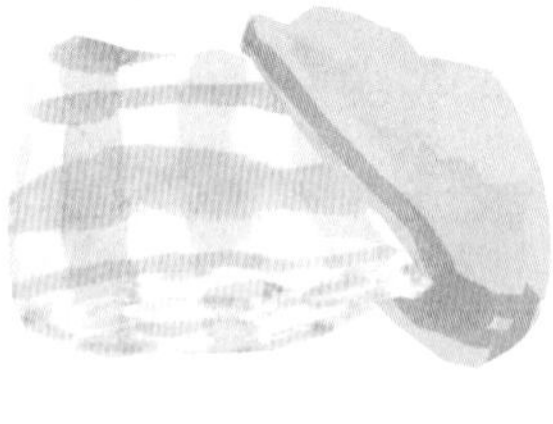

3

装い

究極の清潔感を醸し出す 白衿、白足袋

着物、帯、半衿、足袋がすべて柄物となると、柄on柄のコーディネートで難易度が高くはなりますが、それもまた着物ならではの楽しみです。でも、ピタッとしまった白足袋、真っ白な半衿が掛けられた衿元は見ていても気持ちのいいもの。私自身は着物が映える白半衿と鼻緒が映える白足袋が一番好きです。

昔から白くシワ一つなく、吸いつくようなぴったりサイズの足袋が美しいと言われてきました。顔に一番近いところにある半衿も白がもっとも顔映りがよく品があるとされています。どんなものにも基本がありますが、白衿、白足袋は現在の着こなしの基本形のように思います。洋服でも、着物でも、おしゃれの基本は清潔感だと思うのです。美しい白を保てるよう、こまめにお手入れしましょう。

足袋のお手入れ

1 ─ ぬるま湯に洗剤、重曹を入れて足袋を一晩つけておく。

2 ─ 固形石けんで底の部分、親指のつけ根、かかとの汚れをブラシでこする。

3 ─ 洗剤が残ると黄ばみの原因になるので、念入りにすすぐ。

4 ─ シワを伸ばして、風通しのよいところで陰干しする。

5 ─ 乾いたら、アイロンで整える。

半衿のお手入れ

1 ―中性洗剤を水に溶かし、半衿をつける。

2 ―汚れがひどい場合、歯ブラシなどで布目に沿って優しくこする。その後、つけ置きする。

3 ―汚れが落ちたか確認しながら、念入りにすすぐ。

4 ―軽く水を切って陰干しする。

5 ―半乾きの頃にアイロンをかけるときれいに仕上がる。

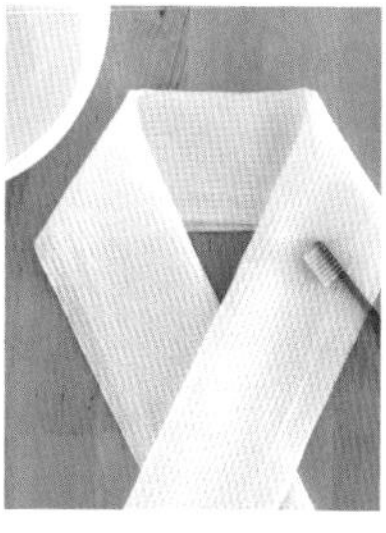

4

装い

お太鼓だけではない半幅帯でもっと自由に

着物にはおはしょりがあって、名古屋帯をお太鼓に締めて、帯揚げ帯締めをつける。このスタイルが日本の着物の形、と思ってらっしゃる方も多いと思います。でも、実は現在のような帯幅、長さになったのは江戸時代。江戸時代の浮世絵を見ても、着物の長い裾を引きずっていたり、太い帯をいろいろな形に前に、後ろに結んでいたりと、ずいぶん現在とは違っていて、着物は時代によって形も着方も変わってきたことがわかります。

そもそも〝おはしょり〟は、長く引きずっていた着物を外出する時にたくし上げていたことが始まり。そして、お太鼓結びは、江戸亀戸天神の太鼓橋が再建落成された時、深川の芸者たちが結んだ帯結びが始まりだったそう。お太鼓結びって、まだ新しいのです。

江戸以前は小袖という形の着物で、女性も対丈《ついたけ》の着物に幅の細い帯をしていました。着物の歴史を振り返ってみると、今、私たちが着物はこうあるべき、と目くじらを立てていることは、たいてい最近のルールだったりするのです。

そう考えてみると、私たちは「お太鼓結び」にとらわれすぎてないか、と思うのです。着付けが難しいという方の多くはお太鼓結びができないとおっしゃいます。夏に浴衣に半幅帯は結べるのに、お太鼓が結べないと着物は楽しめないと思っているのです。

もちろん半幅帯にはそぐわない着物があります。ですが半幅帯であれば、ワンピースやジーンズのように木綿、麻、デニム、ウールなどの素材の普段着物ももっと楽しむことができるのです。

私も近所に買い物に行く時には「矢の字」、車の運転の時に最適な「カルタ結び」、お食事には「お太鼓風」と、半幅帯のバリエーションを楽しんでいます。

半幅帯の場合、同じ結び方でも半幅帯の素材や長さなどによって全く違って見えることもあります。たまたま結んだ形に名前はないかもしれないですが、それもＯＫというのが半幅帯のよさ。「この形でなくてはならない」と難しく考えなくてよいのです。

また、半幅帯に帯締めや帯留めをすることで、前から見たら名古屋帯を締めているかのようなきちんと感も出ます。すでに夏に浴衣を楽しんでいる方は、もう着物も楽しめるということを知っていただきたいです。

矢の字

簡単で粋でこなれた感が出る大人な結び方です。たれの長さがヒップラインをカバーしてくれるのが魅力。リバーシブル帯を使うと両面とも柄が出せます。

カルタ結び

結ぶというより畳むイメージの簡単帯結び。帯の長さに関係なく結べます。背中がフラットになるので車の運転や椅子に長く座る時も疲れません。

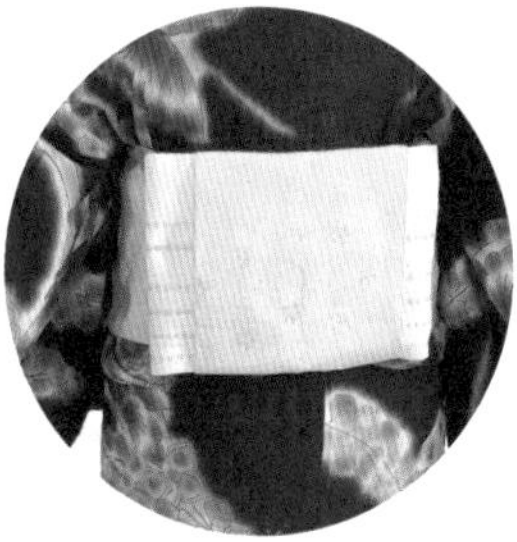

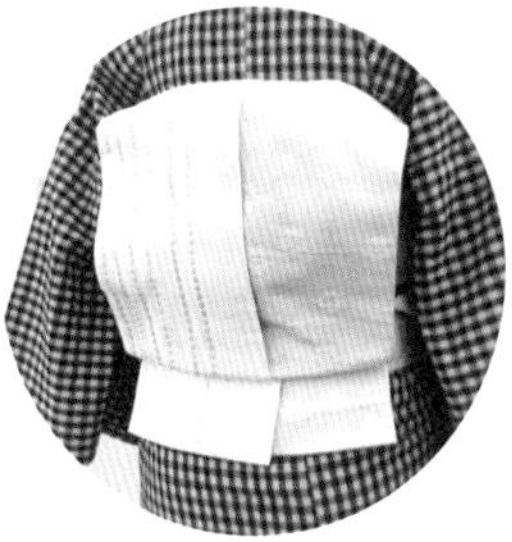

お太鼓風

パッと見は、小ぶりなお太鼓に見えて、半幅帯とは思えないきちんと感が出ます。リバーシブル帯だとお太鼓に出す色柄の組み合わせが楽しめます。

5

装い

着物をあつらえる喜び 初めての1枚

反物を胸に当てて、着物になった時のことを想像しながら1本の反物を決める。着物のあつらえほど、ワクワクするものはありません。そのちょっと特別なお買い物は、洋服では味わえないものがあります。でも、着物を始めたい、着物を着てみたいと思ったからと言って、最初から着物をあつらえる必要はありませんし、最初はお下がりやリサイクルからで十分です。むしろ、私は着物を着ることに慣れ、自分が着たいと思うスタイルがわかってからおあつらえすることをおすすめしています。

あつらえのよいところ

最近はS、M、Lといった仕立て上がりの既製品も多くなりました。それはそれで買ってすぐ着られるのが魅力です。でも、あつらえると当たり前ですが、ぴったりのマイサイズです。最初はお下がりやリサイクルを着ていて、おあつらえした着物を着ると驚くほど着付けしやすいと感じると思います。小さい、大きい着物は着付けに工夫が必要で、実はビギナーほど、マイサイズのほうが、着付けが楽で上達も早いと思います。仕立て上がってくるのを待つ、というのもあつらえならではの楽しいところです。

あつらえの流れ

洋服では機会がほとんどないあつらえ。未知の世界でちょっと踏み出せないという方も多いと思います。

1 ―最初に反物を選ぶ。

2 ―裏地のある袷にするか、裏地のない単衣にするかを決める。

▼袷にする場合、上身頃には白生地の「胴裏」、下身頃部分に「八掛」という布が必要となります。胴裏も八掛も、基本、すべりのよさ、補強が目的ですが、お尻の部分や裾にはより力がかかるので、八掛のほうが地厚な生地を使います。また、袖口にも八掛と同じ生地を使います。

▼単衣にする場合、「衿裏」と背中で接《は》いで仕立てるので、その縫い代を包んで隠すための「背伏」が必要になります。

3 ―広衿、棒衿、衿のタイプを選ぶ。

4 ―採寸する。

5 ―国内手縫い、国内ミシン併用、海外仕立てなど、仕立てのタイプを選ぶ。

▼仕立てに3週間ほどかかります。

最初の1枚はどんな着物？

初めてのあつらえの1枚をどんな着物にするか、決して安い買い物ではないので、悩みますね。大切なことは、どんなシチュエーションで着たいか、着る機会が多くなりそうかです。お茶を習っていてお茶会に出席することが一番多いのか、気軽にお食事や観劇に行きたいのか……など、自分がどんな時に着物を着たいかをまず考えてみましょう。

私がおすすめするのは、色無地か江戸小紋、上品な小紋です。お食事や観劇からお茶会などの少しかしこまった場所まで網羅したいなら、上品な小紋、色無地か遠目には無地に見える型染めの江戸小紋をおすすめします。

小紋なら飛び柄や柄少なめな品のあるものを。色無地や江戸小紋は合わせる帯次第で、洋服感覚でポップにもクールにも、古典的なスタイルにも自由自在です。
無地と言うとせっかくあつらえるのに少し寂しい気がするかもしれませんが、
コーディネートによって自由度が高く、失敗も少ないと思います。

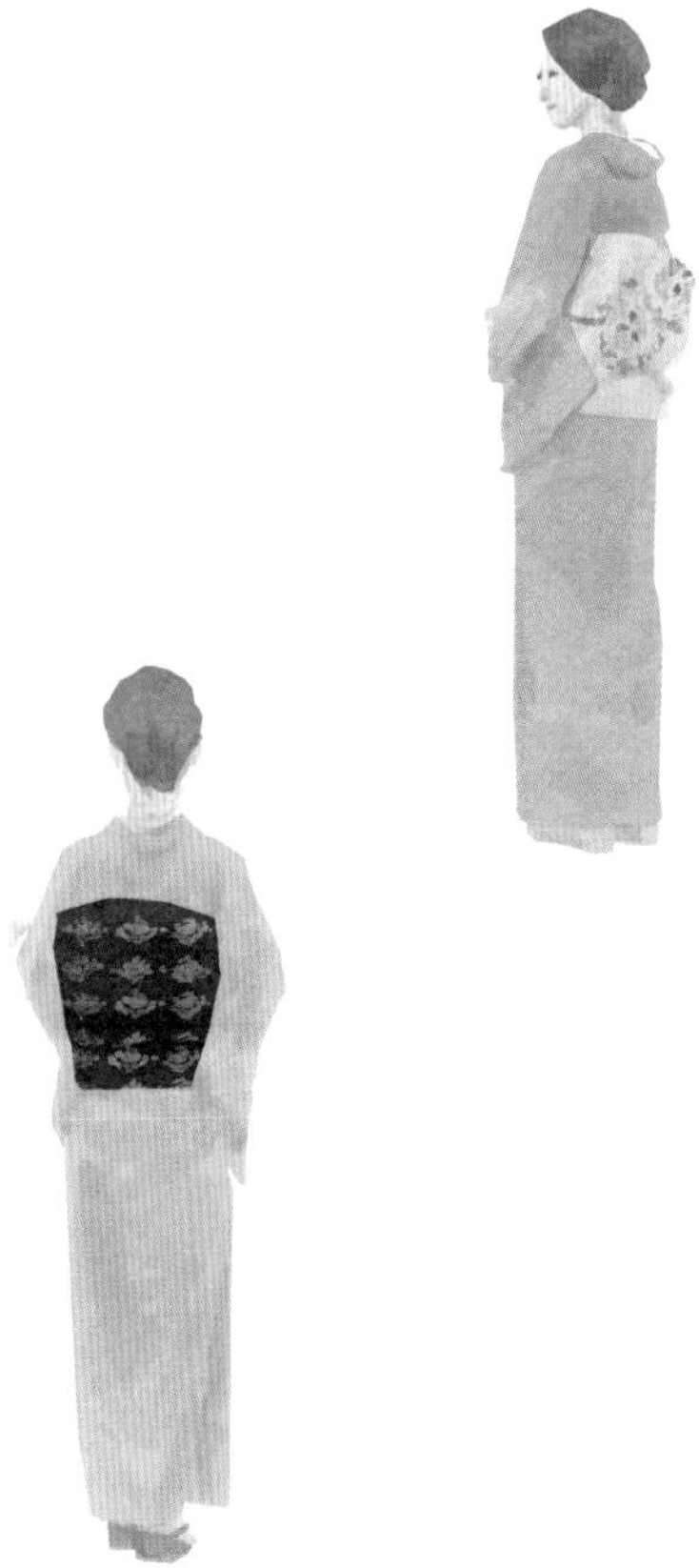

6

生活

扇子の風は袖口から気遣いの所作の美しさ

暑い夏、扇子を持つ方は多いのではないでしょうか。

暑さをしのぐための扇子と「末広がり」で縁起がよいとされ冠婚葬祭や七五三などの行事の際に身につける扇子、茶道や日本舞踊などのお稽古で扇子を使って礼儀作法などを身につける扇子と、扇子にもいろいろあります。

ここでは普段、私たちが暑さをしのぐために使う場合の扇子のマナーをご紹介したいと思います。扇子の扱い方ひとつで立ち振る舞いの美しさが際立ちます。

開き方

扇子の親骨に右手を当て、下から左手を添えます。右手の親指で扇子の骨をスライドさせるように広げます。

閉じ方

閉じる時は、左右の手でそれぞれ両側の親骨を持ち、右手のほうから骨をスライドして閉じていきます。

持ち方

男性と女性とでは、持ち方が違います。男性は、要の部分を握り、親指を相手側に向けてあおぎます。女性は、親指と四本指で要を挟み、手の甲を相手側に向けてあおぎます。

あおぎ方

　気をつけたいのは、人の顔に直接、風を当てないこと。扇子を顔の高さであおぐのは危ないので、胸の高さであおぎます。

　浴衣や着物の時は、袖口から風を送ります。着物は衿足、みやつ口、袖口とあいていて、袖口から風を送ると意外に涼しく感じるものです。その姿は上品で美しいものです。

　冠婚葬祭や茶道などでご挨拶をする時は、正座し、膝の前に要の部分を右側にして扇子を置きます。扇子の手前に両手をついて一礼します。扇子を置くことで結界を張り、相手に対して敬意を払い、へりくだっているという位置関係を表します。

7

生活

正座は体幹を鍛え加圧効果もあるのです

現存する江戸時代の芝居小屋、愛媛県の金丸座では、客席は升席でみんな、座布団に正座やあぐらをかいて観劇します。とても風情があって大好きな劇場ですが、すっかり椅子の生活に慣れてしまっているせいか、床に2時間、3時間座りっぱなしはなかなかつらいものです。つくづく日常の生活の中で、正座をする機会が減っていることを実感します。

西洋化が進むまでの日本では、畳にちゃぶ台、座布団、床に座るという暮らしが私たちの日常でした。みな、1日中、床に座って寛ぐことができたのに、現代では正座ができない人も増えました。

美しい正座とは

　本来、正座は着物に帯で骨盤を締め、かかとの上にお尻をのせることで骨盤を立たせ姿勢を保ち、腰や内臓に負担をかけない座り方なのです。美しい正座は体幹を鍛えると言われます。

　椅子は膝と足首に負担がかからない座り方ですが、腰やお尻には負担がかかります。正座は膝を深く折り曲げ、足首を伸ばしますが、腰には負担はかからず、膝と足首の関節の柔軟性を養ってくれます。正座の時の足の痺れは足首が硬く、血流の滞りが原因だそうです。つまり、正座が難なくできる人は、足首が十分柔らかいということになります。

正座の基本

もっとも美しい正座は、左右の足をそろえ、かかとの上にお尻をのせ、骨盤を立てて座ります。

足を痺れにくくする正座は、片方の足の甲をもう片方の足の裏にのせ重ねた上にお尻をのせます。または、左右のかかとを開いて足首の間にお尻を置く方法もあります。

今人気の加圧トレーニングは、正座をして足が痺れた時、まるで筋トレした後のように筋肉が張ったことからひらめいて開発されたトレーニング方法です。

正座をすると脚の形が悪くなると言われたりもしますが、それは長時間続けるのがよくないだけです。

短時間の正座は、足に圧がかかり、足を伸ばすことで血管を解放し、一気に血流がよくなることで酸素や栄養、老廃物を運んでくれます。毎朝、数分間正座して足を伸ばしてリラックス、たったこれだけを何回か繰り返すだけでも自力加圧トレーニングになるのでおすすめです。

8

生活

日々のお掃除に ほうきを使った掃除の仕方

ほうきが床をすべるシャッシャッという音が好きです。

今どき、ほうきで掃除？　と言われそうですが、ほうきを使うようになってからお掃除がぐんと楽しくなりました。私は江戸ほうきと柿渋を塗って作られた紙製のちりとり「はりみ」を使っています。

ほうきの最大の魅力は、とにかく気がついたら、いつでもどこでもササっと掃けること。ほうきは音がしないので、夜遅くでも、小さなお子さんがいるご家庭でも周りを気にせず掃除ができます。音楽を聴きながらお掃除は、掃除機ではできないことです。騒音の嵐になってしまいます。

最近は音の静かなものも出てきましたがやはり時間を選びます。そもそも掃除機を出して、コンセントにプラグを差して、煩わしいコードを引っ張りながらあちこちゴツゴツぶつけながら掃除をするのは億劫なものです。なので、私はほうきと充電式の小ぶりな掃除機を併用しています。

室内を掃除するのに適したほうきには、江戸ほうきと関西のシュロほうきとがあります。江戸ほうきは、イネ科の「ホウキモロコシ」を編み上げたほうき、シュロほうきは木の樹皮「棕櫚《しゅろ》」をまとめたほうきです。江戸ほうきはコシがあって掃き出す弾力感と手応えがあります。フローリングだけでなく畳や絨毯、カーペットにも力を発揮してくれます。また、シュロほうきは樹脂の天然油脂がワックス効果をもたらしてくれると言われ、フローリングと相性がよいようです。

しなやかなシュロほうきもいいですが、私は江戸の長屋でも使われたであろうコシのある江戸ほうきが好きです。部屋の角やテーブルの脚まわりなど、ちょっとした隙間などもササっときれいにしてくれます。

ほうきを使った掃除の仕方

お掃除は「掃く、拭く」がセットで基本です。まずはしっかり掃きましょう。

フローリングをほうきで掃く時にほこりが舞うのが気になる方は、出がらしの茶葉か、新聞紙を水でぬらして細かくちぎったものを床に撒いてから掃くと、ほこりも立たず、紙にほこりやゴミがくっついてちりとりに集めやすくなります。茶葉には消臭効果もあります。そして、雑巾を固く絞り、板の目に沿って拭きましょう。無垢材のフローリングにはお米のとぎ汁で拭くとピカピカになります。

畳を掃く時は、必ず畳の目に沿って掃くこと。掃いたら乾いた雑巾で乾拭《からぶ》きをしましょう。畳は湿った雑巾で拭くとカビの原因になるので気をつけましょう。

ちょっと懐かしくて、お掃除が楽しくなるほうきを試してみてください。

9

食

朝のお茶、夜のお茶
どんな時にどんなお茶？

「朝茶は七里帰っても飲め」ということわざをご存じですか？

朝、お茶を飲むのを忘れて家を出て、たとえ七里（28㎞）離れてしまっても戻ってお茶を飲みなさいという意味です。28㎞も離れても家に戻って飲めとは、そんなに朝のお茶って身体によいの!?

「朝茶に別れるな」ということわざもあります。朝のお茶は1日の災いから守ってくれると考えられていたそうで、縁起がよいので朝にお茶を飲めという意味です。

お茶にはさまざまな種類があります。いつどんな時に、どのお茶を飲むといいのか知っておきたいですね。

朝の目覚めの時は空腹なので、玉露や抹茶は胃を刺激してしまいます。煎茶やほうじ茶などのほうが胃に優しく、朝ゆっくり淹れた温かいお茶をいただくと、頭もスッキリして身体にスイッチが入ります。「宵越しの茶は飲むな」と言われますが、朝茶は必ず新しい茶葉を使うようにしましょう。

仕事の前、眠気を感じた時、二日酔いの時などはカフェイン多めの煎茶や抹茶などが合います。高温で淹れるとカフェインがより多く抽出されます。カテキン多めの煎茶は食中毒や虫歯予防、食後に口中をサッパリさせてくれます。

1日の疲れを取りたい時は、ほうじ茶の香りが癒やしてくれます。寝る前は番茶やほうじ茶などカフェインの少ないお茶がおすすめです。低温でじっくり淹れることでカフェインが少なくなります。カフェインに弱い方は茶葉の量や淹れ方を工夫しましょう。

10

食

おいしいお茶を淹れるには お水と温度が肝心です

日本茶の香り、口に含んだ時の苦さや甘さ、喉を通った時のほっこり感。あぁ、おいしい。どこにいても私の生活にはお茶が欠かせません。

でも、どこにいても同じようにおいしいお茶がいただけるかというと違います。

お茶の味を左右するのは水と温度です。

日本で大好きな茶葉を持ってきてアメリカで飲むと、まったく味も色も違います。アメリカの水がカルシウムやマグネシウムを多く含む硬水だからです。日本は軟水です。硬水はカテキンと反応して、お茶の香りもなくなり味も淡白にしてしまうのだそうです。

ミネラルウォーターで淹れるのがよいですが、外国製のものは硬水が多いので、硬度を確認してから購入しましょう。水道水でも、もちろん大丈夫ですが、塩素が強い水は味が変わるので、一度、沸騰させてから使うことをおすすめします。

適温を知る

お茶は種類によって、おいしく淹れる適温があります。日本の温度設定ができる湯沸ポットは、温度によって味が違ってくる繊細な日本茶文化から生まれたのではないでしょうか。海外では「沸騰」しか見たことがありません。

煎茶

煎茶はもっとも一般的に飲まれているお茶です。日光を遮らずに育て、茶葉を蒸してもみながら乾燥させたお茶です。日光を浴びて育つと清々しい香り、ほどよい渋み、すっきりとしたお茶になります。

私たちが家庭でもよく飲む番茶は、夏や秋の遅い時期に摘んだ煎茶のことをいいます。さっぱりとした味わいです。

適温90～100℃

＊上質な煎茶は少し低めの70～80℃くらいにしましょう。

玉露・かぶせ茶

新芽が出始めた頃から茶摘までの約3週間ほど、日光を遮って育てるのが玉露。茶摘前の1週間から10日ほど日光を遮って育てるのが、かぶせ茶です。低温でじっくり淹れる玉露は旨みや甘みが引き出されるので最後の1滴まで味わいたいものです。

適温60℃

ほうじ茶

煎茶を強火で焙煎したお茶で、香ばしい香りとすっきりとした味わいがとても優しいお茶です。ほうじ茶はあまり渋みがないので、高温で淹れて香りを楽しみましょう。

適温95℃

玄米茶

蒸して炒った玄米と番茶や煎茶などの緑茶をブレンドしたお茶。餅米が使われることが多く、玄米と茶葉は1：1の割合です。お抹茶入りのものもあります。他のお茶に比べてカフェインは少なめ。玄米の香ばしさと緑茶のさっぱりとした味わいが特徴です。旨み、渋みが少ないので高温で淹れてもおいしくいただけます。

適温95℃

11

食

自分のために点てたい心を切り替える一服

ある役者さんは劇場に入って、まずお抹茶を一服いただくことで気持ちを切り替えるという話を伺ったことがあります。私たちも朝は何かと忙しく、そのザワザワとした気分で何かを始めようとすると、なかなか気持ちが切り替えられません。でも、不思議なもので、落ち着かない気持ちもイライラした気持ちも、お抹茶を点てていただくとスーッと静まります。

お抹茶を点てる何か特別な作法が必要とかまえず、おうちでも気持ちを切り替えたい時、集中したい時、何かを心して始めるために、ほんの15分、心静かにお茶を点てる時間を持つのもよいものです。おうちで「飲みたい！」と思った時に気軽にテーブルでお抹茶を点てる方法をご紹介します。

用意するもの

抹茶　小さじ1.5
お湯　100㎖
茶こし
茶せん
抹茶茶碗
（カフェオレボウルなどでもOK）

抹茶の点て方

1―抹茶を茶こしでこしておく。

2―茶碗にお湯を入れて温めておく。

3―茶碗が温まったらお湯を捨てる。

4―抹茶を小さじ1.5杯入れる。

5―80℃のお湯を100㎖注ぐ。

6―茶せんで茶碗の底をゆっくりなじませてから、縦にM字を描きながら茶せんを動かします。

7―泡立ってきたら、ゆっくり茶せんを、静かに引き上げる。

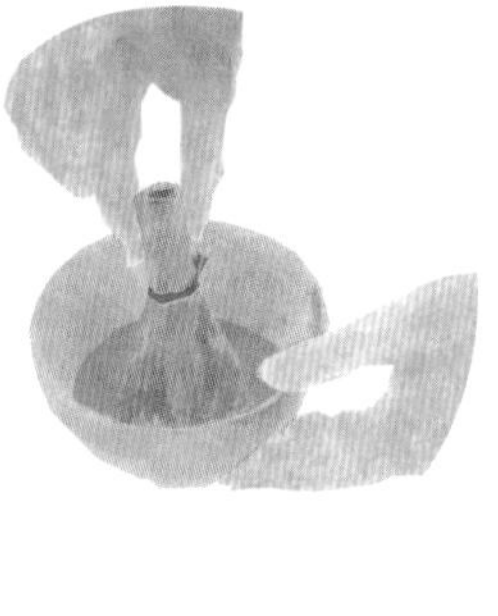

12

心

日本人の感性を示す雨を表す言葉たち

酔芙蓉白雨たばしる中に酔ふ　水原秋櫻子

芙蓉が大好きで目に止まった句です。

芙蓉の花の美しさはもちろん、芙蓉は朝、花が開いて、夕方にはしぼむ儚さも魅力です。

また、酔芙蓉は蕾からしぼむまで、白からピンクに少しずつ色が変わっていくのです。まるで、お酒を飲んでほんのり赤くなるようです。

「白雨《はくう》」とは急に降り出して、すぐ止んでしまう雨のこと。雨脚の激しく、雨が白っぽく見えるさまを表現しています。「白雨」のほかに、突然降り出す雨のことを「にわか雨」「通り雨」「鬼雨《きう》」「驟雨《しゅうう》」「時雨《しぐれ》」「村時雨」ともいいます。この句を読むと、白く霞む雨に打たれ美しく揺れる酔芙蓉の様が思い浮かび、うっとりします。

万葉集、全４５１６首のうち、雨を詠んだ和歌が１４３首。新古今集、全１９７９首のうち、１１８首もあるそうです。古くから雨の風景を言葉にしてきた日本人の感性はとても素敵ですね。

このように日本には四季ごとの雨を表現したもの、雨の強さ、降り方を表現したものなど、雨を表現する言葉が何百とあります。

青葉に降り注ぐ恵の雨を「翠雨《すいう》」、穀物の成長を助ける雨を「穀雨」、草木を潤すしとしと雨を「甘雨」「慈雨」、七夕の前日に降る雨を「洗車雨」、七夕の日に降る雨は、彦星と織姫が流す雨と言われ「酒涙雨《さいるいう》」、森の深いところを歩いている時に葉から落ちるしずく雨を「樹雨《きさめ》」と言います。

その言葉を聞くだけで、その雨の情景が目に浮かびます。

春の雨を「春雨」、春の花に降りそそぐ雨を「紅雨」、3月下旬から4月上旬に菜の花の咲いている時期に降り続く雨のことを「菜種梅雨」、4月の頭の晴明の頃、静かに降る雨を「発火雨」、春の長雨を「春霖《しゅんりん》」など、弱々しく降る雨のことを「小糠雨」「霧雨」など。

梅雨の種類によってもいろいろな別名があります。

麦が熟する頃の梅雨を「麦雨《ばくう》」、梅雨入り前の雨を「走り梅雨」、梅雨の終わりの激しい雨を「暴れ梅雨」、雨の少ない梅雨を「空梅雨」「早梅雨」「枯れ梅雨」、秋の長雨のことを「秋雨」「冷雨」「白驟雨《はくしゅうう》」「秋湿り」「秋霖《しゅうりん》」。

雨にまつわる言葉を辞書で眺めているだけで楽しくなります。

13

心

心を軽く　写経は心のデトックス

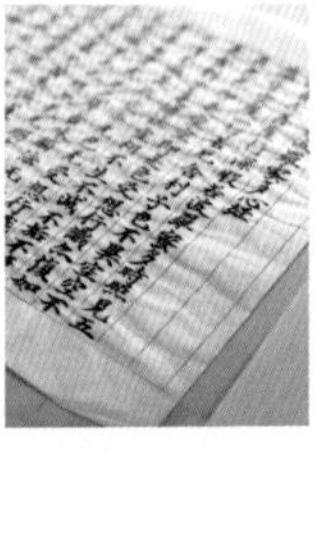

パソコンや携帯で文字を打つことのほうが圧倒的に多くなって、一番最近で紙にペンや筆で文字を書いたのは……いつだったろう？　という人は多いのではないでしょうか。

20代後半の頃、さまざまな日本の文化、伝統を体験してみたいと思い、着付け、茶道、華道と並んで、写経体験に行きました。その時、生まれて初めての写経で、静まり返った時が止まったかのような時間、墨のにおい、一心に文字をなぞりながら頭が空っぽになっていく感覚。子どもの頃、書道を習っていたものの、大人になって久しぶりに筆を取ったので、その時のことを鮮明に覚えています。

写経というと難しく感じるかもしれませんが、文字通り、写経とは「お経を書き写す」ことです。写経は武士たちの精神修行のため、また亡くなった人への供養として行われるようになり、現代へと伝わってきました。一般的には、1時間ほどかけて般若心経の266文字をお手本に書き写していきますが、写経は書道のように美しく文字を書くことを求められるわけではありません。最初はいろいろなことが気になりますが、次第に集中できるようになり、心が鎮まり、まるで瞑想をしているかのような状態になっていきます。書き終えた時には心がスッキリするのが写経の魅力です。

筆ペンと紙があれば、すぐに自宅でも始められます。最初はお手本の上に半紙を置き、文字をなぞり書き、模写からチャレンジしてみましょう。いきなり自分で始めるのは不安な方は、まず寺院が開催している写経会に参加するのもよいですね。お寺によって作法や心得がありますので、ご住職に指導を仰ぎましょう。

厳かな空間での写経は格別です。
年に1回、お誕生日に、または四季ごとに写経をするという人もいます。自分のペースで、約1時間の心のデトックスをしてみましょう。

写経の作法

1－部屋を浄める　部屋の換気を行い、お香を焚いてお部屋を浄めましょう。
2－衣服を整える　最低限の清潔な身だしなみを心がけましょう。
3－身を浄める　手を洗い、うがいをして、始める前に深呼吸をしましょう。

そして、「始めさせていただきます」と一礼をしてから始めましょう。
お経の最後に「願文（願い事）」と名前、日付を書きます。
写経をすることで自分の願い事をあらためて整理できるのもよいところです。
すべて書き終えたら、合掌礼拝して終わります。

たくさん誤字脱字した場合は、書き直しましょう。書き損じの用紙は合掌してから捨て、書き終えた用紙は写経専用の箱やファイルを作り納めておきましょう。たくさん溜まってきたら、写経を納められるお寺に持参して納めましょう。だいたい1000〜1500円くらいの「志」と一緒に納めます。お寺によって違うのでお寺の「納経所」窓口で確認してくださいね。

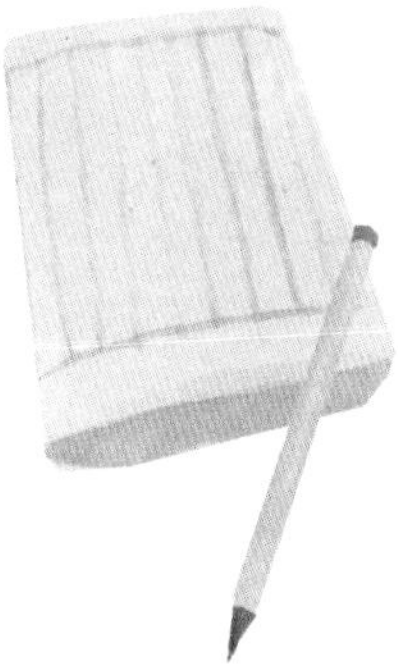

14

心

心を込めたい
神社仏閣とのつきあい方

私は三重県出身なので伊勢神宮をはじめ、地元には大好きな神社仏閣がたくさんあります。鳥居をくぐった時の空気の変化、思わず息を深く吸ってしまう澄み渡ったエネルギー。あぁ、ここは特別だと感じる感覚。せっかくの参拝、その恩恵をいただくのだから、ちゃんとお作法を知り、その意味を知ってお参りしたいですよね。

農耕民族だった日本人にとって日照りも洪水も地震も、自然災害は常に生死にかかわる問題でした。自然とどうつきあって行くか知恵を絞って生きてきたことが、旧暦の二十四節気を見直すと感じられます。五穀豊穣を祈り、感謝し、自然の前には無力であると悟ってきた先人たちは、あらゆる万物に宿る八百万の神に祈りを捧げてきたのだと思うのです。現代では神社仏閣にお参りすることが日常ではなくなってしまい、いざ神社仏閣に行くと参拝方法も怪しくなってしまいがちです。

神社とお寺の違い

私たちが何か願いをお願いする時、思わず「神様!仏様!」と呟きますが、わかっているようで、わかっていないのがこの神社とお寺の違いです。

神社は神道。お寺は仏教。

神社は神様のいる場所、お寺は仏様を敬い、僧侶が住み修行する場所。神社は八百万の神様を崇拝、お寺は仏陀、大日如来、薬師如来、釈迦如来、不動明王などの仏様崇拝。神社に仕えるのは神主、巫女、お寺に仕えるのは僧侶、尼さん、住職。神社には、鳥居、参道、社殿があり、お寺はさまざまですが山門と仏像を安置する本堂があります。

神社の参拝方法は「二拝二拍手一拝」、お寺は「合掌」です。

とはいえ、日本ではもともと神々への信仰、神道があったところに仏教が伝来したことから神道に仏教を融合させた「神仏習合」という日本独特の信仰の歴史があります。

そして明治になって神道を国教とし、神社とお寺を区別する「神仏分離令」が出されました。当たり前のように神社に仏像を置いていた風習を禁止したのです。それもすぐ廃止されましたが、現在でも区別のはっきりしたところと、はっきりしないところが混在しているのは、そうした歴史的背景があるようです。

余談ですが、私の大好きな阿修羅像で有名な奈良の興福寺も、その「神仏分離令」によって弾圧されたお寺の一つです。現在の興福寺はこじんまりしたお寺ですが、観光名所となった奈良公園もかつては興福寺の敷地だったそうです。こうした背景も、また神社仏閣を訪れる時に興味深いものです。

神社仏閣の参拝方法

参拝方法にはいろいろな考え方や地域によって違いがあります。一般的には「二拝二拍手一拝」ですが、例えば、出雲大社では「二礼四拍手一礼」が正式な参拝方法となっています。ここでは一般的な参拝の基本をお伝えしますが、参拝の際は、そのつど、確認しましょう。

鳥居（山門）をくぐる

鳥居は神域への入口です。くぐる前に一礼します。帽子をかぶっている時は脱ぎましょう。参道の中央から遠いほうの足から入ります。鳥居に敷居がある場合は踏まないようにしましょう。帰りも鳥居を出た後、振り返って一礼します。

参道を進む

参道の真ん中は神様が通る道と言われています。参道は中央を避けて歩きます。

手水舎《ちょうずや》で手と口を清める

その昔、神社仏閣をお参りする時には、川や海で身を清めてから参拝したそうです。心身の浄化のために現在では「手水」を行います。

1―右手に柄杓《ひしゃく》を持ち、水をすくい、左手を清めます。

2―柄杓を左手に持ちかえ、右手を清めます。

3―柄杓を右手に持ちかえ、左手の掌に水を受けてためます。

4―口をすすぎ、口元を掌で隠しながら地面にそっと吐き出します（柄杓に直接口をつけないようにしましょう）。

5―もう一度、左手を清めます。

6―最後に柄杓を立てて持ち、残った水で柄杓の柄を清めます。

拝礼の方法

拝礼の基本はお辞儀、拍手には神様への敬意と感謝の気持ちを表します。手を合わせる行為は、敬い拝む、和合という意味があります。

また鈴（本坪鈴・鰐口）を鳴らすのは、鈴の清々しい音色で参拝者を祓い清め、神霊をいただくことを願うものと考えられています。お守りなどに鈴が使われるのは、魔除け、厄除け、開運のためと言われています。

【神社の場合】

1―神前に立ち姿勢を正す。
2―本殿の鈴（本坪鈴）を2、3回鳴らす。
3―お賽銭を入れる。
4―深くお辞儀を二回します。
5―胸のあたりで手を合わせ、二回拍手をします。

6―最後にもう一度、深くお辞儀をします。

日頃の感謝を伝えてから、願い事をする場合、

・自分の住所、名前をお伝えする。

・「神拝詞《となえことば》」を唱える。

・願い事を伝え、最後に神様へ感謝を伝える。

御朱印をいただく場合は、必ず参拝後にしましょう。

【お寺の場合】

1―本堂の前に立ち姿勢を正す。

2―お賽銭を入れる。

3―鰐口を2、3回鳴らす。

4―静かに合掌する。

5―一礼する。

15

心

御朱印は修行の証と心得ましょう

お散歩や旅先の思い出として振り返ることができると、御朱印をもらうために神社仏閣に行かれる方も増え、すっかり人気となった御朱印集め。

御朱印は神社やお寺の名前、御本尊の名前、参拝した日付などが墨で書かれた、参拝の証としていただける印です。神社仏閣それぞれ特徴のある御朱印は集めるのがとても楽しいものです。でも忘れてはいけないのは、御朱印はスタンプラリーではないということ。

もともと御朱印は神社やお寺に納経した際に拝受できる印でした。江戸時代以降、参拝の際、その印を拝受する習慣だけが残ったものと言われています。

御朱印のいただき方

御朱印は社務所や授与所、寺務所でいただくことができますが、必ず参拝してからにしましょう。必要なものは御朱印帳とお金（300〜500円くらい）です。期間限定や特別な御朱印は500円以上することもあります。神職（住職）の方が目の前で、筆で書いてくださるのを見るのはワクワクして大好きです。

1―本殿で参拝する。

2―社務所や授与所、寺務所に行く。

3―神社、お寺の方に御朱印が欲しい由、声をかける。

4―カバーなどは外して、押してほしいページを開いて御朱印帳を渡す。

5―お金（初穂料・納経料）を渡す。
6―お礼を伝えて御朱印帳を受け取る。

一般的に御朱印帳は蛇腹タイプとノートタイプがあり、大きさは大小2種類あります。

基本、お好みですが、迫力ある御朱印をめいっぱい書いていただけるからと大きいほうを使っている方もいれば、大小2冊を使い分けている方もいます。また、神社とお寺を2冊に分けている方もいます。別項でも書きましたが、江戸時代以前は神仏習合の時代でしたので、現在も神社とお寺がきっちり分かれていないところもありますので、分けなくてはいけない訳ではありません。

私は紙でいただく書き置きタイプの御朱印が、小さいサイズの御朱印帳には入らなかったことがあるので大きいほうにしています。また、おすすめしたいのは御朱印帳袋。大切な御朱印帳をキズ・汚れ・水などから守ってくれるのはもちろん、旅先は荷物も多いので、バッグの中で折れ曲がったりしないよう守ってくれます。

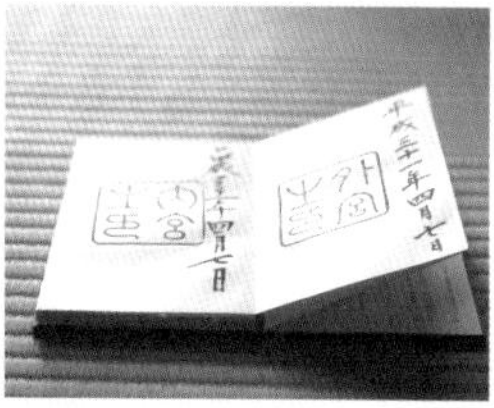

16

装い

昔は湯上がり 今の進化する夏の浴衣たち

浴衣という言葉は「湯帷子《ゆかたびら》」の当て字で、かつては沐浴の際に着ていた単衣の着物のことを指しました。江戸時代以降、風呂上がりに着る単衣を「浴衣」と呼ぶようになりました。

昭和初期が舞台のドラマや映画を見ると、寝るときには白地の綿の浴衣を着ているのを見かけます。少し前までは湯上がりに着ていたパジャマのようなものだったので、ひところは朝から浴衣で出かける姿を見かけると眉をひそめる人も多かったのです。

現在はすっかり浴衣の素材も着方も進化して、浴衣なのか、夏の単衣なのかわからない存在になってきています。浴衣は着付けもしやすく、花火大会や夏祭りなど夏は着る機会も多くあります。レトロな浴衣から現代の浴衣着物まで、いろいろな素材、着方が楽しめることを知っていただきたいと思います。

今どきの浴衣の素材

浴衣には注染《ちゅうせん》、先染め、長板中形《ながいたちゅうがた》、有松《ありまつ》絞りや京絞りなどの絞り、紅梅などの引き染めなど、職人さんたちの手で守られてきた伝統と技術が凝縮した素晴らしい浴衣があります。これはもう、着たら「違い」がわかります。本当に気に入ったものに出会ったら、ぜひ大切に着てほしいです。

また、私が夏に一番よく着るのが近江上布などの「麻素材」です。発色も美しく、肌触りもよく、涼しいので手放せません。麻は手洗いか、洗濯機の手洗いモードでお手入れできます。気になるシワも水をスプレーすれば、すぐ伸びます。

また、すっかりメジャーになってきたのが新しい素材、東レの「セオα（アルファ）」というポリエステルの浴衣です。ひんやりとした肌触り、通気性、吸汗、速乾、吸湿に優れていて着心地が抜群。もちろんポリエステルなので、おうちの洗濯機で洗えて、シワになりにくいのでアイロンものりもいりません。

毎年、浴衣を買うという方もいるかもしれませんが、何を着ても暑い、汗をかかずにはいられない夏。私は、お出かけ用の上品な浴衣、一番出番の多い麻の着物、遊び心でポリの着物……とＴＰＯで分けています。

今どき浴衣の着方

浴衣といえば、肌襦袢に浴衣を羽織って半幅帯を締めて、素足に下駄というのが基本スタイルです。それも潔くかっこういいですよね。ただ最近は、セオαや変わり織の浴衣の登場で、半衿をつけて足袋を履いて、半幅帯に帯締めや帯留めをしたり、夏の名古屋帯を合わせたりと、浴衣を夏着物のように遊ぶ人も増えてきました。浴衣は夕方から、という固定観念もなくなりつつあります。また長襦袢まで着たら暑い！　という方には、肌襦袢と長襦袢が合体した「うそつき襦袢」という大きな味方が。涼しげな小物をプラスしたり、若い人は帽子もかぶるとかわいいですよね。着物のハードルが高いと思っている方にこそ、夏の浴衣でいろいろチャレンジしてほしいです。

17
装い

自分で浴衣のお手入れしまい方

浴衣のほとんどが綿、麻、ポリエステルと自分でお手入れができる素材です（但し、絞りの浴衣はクリーニングに出すか専門店に相談しましょう）。なんとなく難しそうに思えるお手入れですが、ポイントを押さえたら簡単です。自分でできたら夏の間、大汗をかいても安心です。浴衣でたくさんお出かけしてくださいね。

色落ちチェックをしましょう。

濡らした白いタオルで色がついている箇所をたたいてみて、タオルに色がついたら色落ち、色移りする可能性が高いです。

汚れをチェックしましょう。

衿元　ファンデーション、口紅などの汚れ

袖口　皮脂汚れ、食べ物

前身頃　食べこぼし

裾　泥はね

汚れを見つけたら、先に部分洗いをしておきます。

ひと手間かけられる人は

衿が崩れないように洗濯前に木綿糸で衿を押さえるように、ザクザクとしつけをかけておきます。

ハリが欲しい人は、洗濯後、薄めた洗濯のりに2～3分つけます。

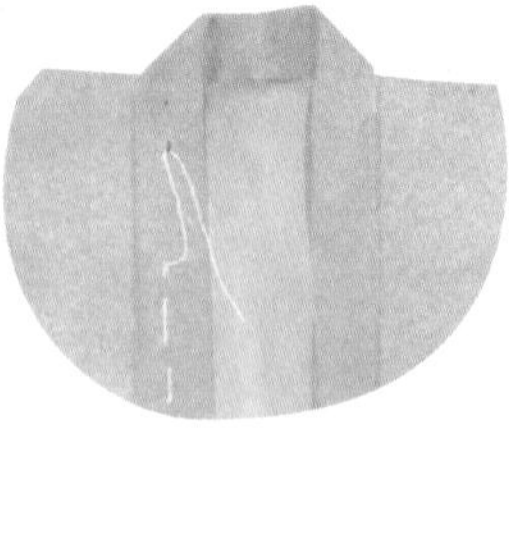

洗いましょう

たらいに水をためて手洗いをするか、畳んだ浴衣を洗濯ネットに入れて洗濯機の「手洗いモード」で洗います。着物や浴衣専用の洗濯ネットもあります。おしゃれ着用の中性洗剤を使いましょう。

陰干ししましょう

干す時はよく手でシワを伸ばしてから干しましょう。着物用ハンガーがあると便利です。突っ張り棒でも代用できます。半乾きのところでアイロンをかけるときれいに仕上がります。

浴衣を畳んでしまう

浴衣は本畳みで畳みます。シーズンが終わったら、畳んだ浴衣はたとう紙に入れます。湿気を吸ったヨレヨレのたとう紙は着物によくありません。折を見て、たとう紙も新しくしましょう。または、抗菌・防虫・調湿効果のある専用保存袋も便利です。

18

装い

指先に力を入れて歩く下駄が足と身体によい理由

日本で毎日着物で生活していた頃、何カ月ぶりかに靴を履くと次の日、足が筋肉痛になりました。逆に、久しぶりに下駄を履くと、たいてい太ももの内側が筋肉痛になりました。靴と下駄では全く使う筋肉が違うんですね。

日本人はすっかり洋服で生活するようになりましたが、西洋人と日本人では歩き方が違うことに気づいている人は少ないのではないでしょうか。海外の友達から「どうして日本の女性はみんな大きな靴を履くの？」と聞かれたことがあります。全く意味がわからなかったのですが、よくよく聞いてみると、日本人は膝を曲げて足をすって歩くから、歩き方を見るだけで日本人だとわかる。つまり、子どもが大人の靴を履いて歩くと膝を曲げて靴を引きずって歩くのと同じように、大きい靴を履いているから足を引きずってしまうのだと思っていたそう。

西洋人は歩幅を大きく、手を振って、膝を伸ばして踵から歩きます。日本人は歩幅を小さく、上半身をそれほど動かさず、膝を曲げてすり足になりがちなのです。こんなに洋服の生活になっているにもかかわらず、なぜか着物を着て下駄を履いていた時代の歩き方をするのです。

下駄を履くと、足の爪先に体重をかけて歩くので、膝を伸ばしては歩けません。下駄は足を全く締めつけないので外反母趾などになることもなく、爪先に体重をかけるだけで自然に体が前に進んでいきます。下駄は左右対称なので、体の歪みもわかり、左右を変えて履いてバランスを取ることも可能です。指先に力がかかるので血行がよくなり冷え性の方にもおすすめです。

19

装い

足が痛くならないための下駄とのつきあい方

カランコロンという音に、なんとなく心躍る夏。

とはいえ、下駄は夏だけのものではありませんし、着物だけでなく洋服にも履いていただけます。下駄はどんな足の形でも履けますすし、足に汗をかくこともなく、サッパリ爽やかに過ごせます。

でも、夏祭りの季節になると、下駄を履いて足が痛くなるという方が本当に多く、それで浴衣を着ることが嫌いになったという話もよく耳にします。普段、靴を履いていて下駄に慣れないのが一番の理由だとは思います。あらためて足が痛くならないために下駄の履き方、歩き方、痛くならないための予防法など知っておいていただきたいと思います。

下駄のサイズと履き方

靴と同じように、足にピッタリサイズを選ぶ人がいますが、下駄は指の股と前つぼの間に1㎝くらい余裕を持たせ、親指と人差し指で前つぼをつまむようにして履きます。かかとは1～2㎝はみ出るくらい、横も小指が少しはみ出すくらいで大丈夫です。

前つぼに指の股まで深く入れて履くとすれて痛くなったりします。

下駄を履く前に

痛くなるのは、指の股と足の甲の鼻緒が当たる部分です。最初は鼻緒がきつく感じることがあると思いますが、履く前に必ず鼻緒をほぐしておきましょう。

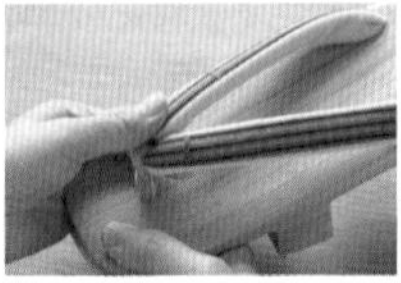

前つぼの部分を真上に引き上げる。

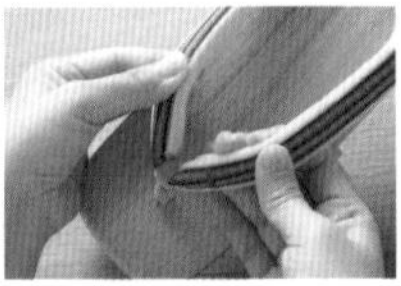

左右の鼻緒を外側に広げるように引っ張る。

左右それぞれの鼻緒をもみほぐす。

最初に足を入れるとき、鼻緒がよじれないようにしましょう。下駄は何度か履いているうちに、自分の足の形になじんでいきます。少しずつでも慣らしておくとよいでしょう。

下駄での歩き方

親指と人差し指で鼻緒をつまんで歩きます。前に重心を置き、足音を返しすぎず、台の前の部分から着地して、つま先で蹴るように歩きます。わざと音を立てたりはしません。歩幅は狭く、ガニ股にならないよう姿勢よく歩きましょう。

鼻緒ずれ予防あれこれ

ワセリン…指の股、鼻緒が当たる甲の部分に塗ってお肌を保護しておきます。
ベビーパウダー…塗っておくと肌がさらさらになり、摩擦を避けられます。
ガーゼ…ガーゼを前つぼの部分に巻いておきます。
絆創膏…指の股の部分に貼っておき、外出時にも替えを持っていきましょう。
足袋…素足と直接の摩擦を避けるために足袋ソックスを履きましょう。

20

食

身体にも環境にも優しい和菓子はビーガン

私が暮らしているカリフォルニアは、ベジタリアン、ビーガン、グルテンフリー、ローフードなど自然、環境保護の意識が生活に根づいている場所です。それは流行りなどではなくライフスタイルの一つであり、例えば、ファーは身につけない、動物を実験に使い作られた商品は買わない、大量消費をせずにサステナブルなものを使う、人間だけではなく動物や環境にも優しくあることを生き方として選んでいるとも言えます。日本でもここ数年、ビーガンレストランが登場し、少しずつ認知されてきました。

こうして海外から入ってきたビーガンですが、実は和菓子はビーガンスイーツだと知っている方は少ないのではないでしょうか。和菓子は美しいだけでなく、卵、バターや生クリームなどの乳製品、小麦粉も使わず植物性の素材で作られるビーガン・スイーツとして、海外で評価され始めています。

白砂糖の代わりにアガベシロップやビーツを使ったり、生クリームの代わりに豆乳を使ったり、ゼリーやババロアに使う動物性のゼラチンの代わりに寒天を使っているので低カロリー、食物繊維も豊富です。

和菓子はケーキなどと違って手土産にすることはあっても、なかなか自分用に買って食べることが少ないように思います。罪悪感なしに食べられるスイーツです。和菓子をおやつにしたり、気軽に手作りしたりできるといいなと思います。

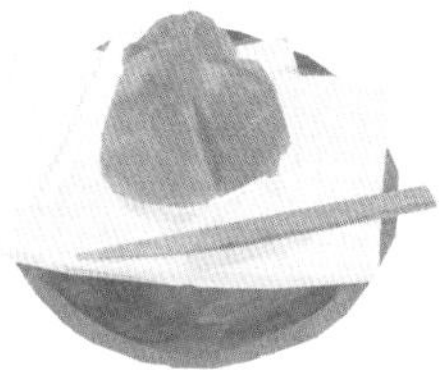

21

食

冬のほっこりスイーツ おしるこ、ぜんざい

こしあん派？　粒あん派？

絶対、粒あん！

いやいや、こしあんでしょ！

意外に「どっちでもいい」と言う人はいなくて、そんな無邪気なぶつかり合いも「あんこ」だからほっこりしますね。

ある日、友達と話していて、「冬の寒い日に温かいぜんざいを食べると身も心もあったまるよね」と私が言うと、なんだか話が噛み合わなくて「うん？」となったことがあります。私は関西出身、友達は関東出身でした。

私はこしあんを使った汁がおしるこ、粒あんの入った汁がぜんざいだと思っていたのですが、その時、初めて関東では汁気があるかないかで「おしるこ」か「ぜんざい」に分けることを知りました。

汁気のあるものをおしるこ、汁気のないお餅にあんこをのせたものをぜんざいと呼ぶそうです。噛み合わないはずです。

その他にも、こうして地域によって呼び名の違いがあったり、同じ名前なのに違うものを指したりするものがあって、日本の中でどんなふうに伝わって行ったのか考えるだけでも楽しくなります。

最近は缶詰やチューブのあんこが売っているので、おしるこもぜんざいも気軽に作れてしまいます。あなたにとってのおしるこ、ぜんざいを作って、ほっこり温かい時間を過ごしましょう。

22

食

植物性でカロリーゼロ 腸に優しい寒天デザート

私は洋菓子より和菓子派なのですが、ムース、ゼリー、プリンと口当たりがよいスイーツは好きです。これらのスイーツの多くはゼラチンが使われています。和菓子のゼラチン的存在が、水ようかんなどに使われる寒天です。

ゼラチンは動物性たんぱく質ですが、寒天は天草などの海藻を煮て固めたもの（ところてん）を凍結乾燥したもの。実は、寒天は350年の歴史を持つ日本ルーツの植物性の食材です。

江戸時代、京都伏見の旅館「美濃屋太郎左衛門《みのやたろうざえもん》」が外に捨てたところてんが寒さで凍結乾燥したものを使ってみた、というのが寒天の始まりと言われています。

さまざまなものが、こうした偶然から生まれているのかと思うと面白いですね。
口溶けのよさはゼラチンにかないませんが、寒天は弾力があり、カロリーがほとんどなく、食物繊維がたっぷり含まれているので腸内環境改善におすすめです。

私は、毎年作る梅酒を使った寒天ゼリーのさっぱりとした大人の味がお気に入りです。

お酒の弱い方は、電子レンジでアルコールを飛ばしてから。甘みもお好みで砂糖または蜂蜜を加えて調節するとよいと思います。お砂糖の代わりに、あんこ、黒蜜、アイスクリームなどをかけたりしてもよいですし、桃などのフルーツと炭酸水を少し加えても爽やかでおいしいですよ。シンプルなのでアレンジも楽しめます。

大人の梅酒の寒天ゼリー

【材料】
粉寒天…4g　梅酒…150㎖　水…350㎖
砂糖、または蜂蜜…好みで

【作り方】
1―鍋に水を入れ、粉寒天をダマにならないよう混ぜながら少しずつ入れ、10分ほど置く。
2―火にかけ、吹きこぼれないよう注意しながら1〜2分、沸騰させる。
3―寒天が溶けたら梅酒と砂糖、または蜂蜜をゆっくり注ぎ入れ、よく混ぜる。
4―容器の内側を濡らしてから**3**を流し入れ、冷蔵庫で冷やし固める。
5―固まったら1㎝角ぐらいにカットする。

23

生活

昔は懐に万能ティッシュ今どきの懐紙の使い方

茶会などでお茶碗の飲み口を懐紙でキュッと拭く所作が美しくて好きです。歌舞伎を観に行くと、立役も女形も懐に懐紙の束を挟んでいるのを見かけます。立役は書道の半紙くらいのものを、女形はその半分くらいの大きさです。何かを拭う時はもちろん、貴重なものをあらためる時に口に挟み息がかからないようにしたり、鼻緒が切れた時に懐紙でこよりを作ってすげたり、手紙を書いたり……と、さまざまな使い方が登場します。その昔、懐紙がどのように使われていたかを垣間見ることができるのは楽しいものです。

現代では懐紙と言えば、お茶席でしか使い道がないと思われがちですが、ティッシュ代わりにバッグに入れておくと意外にいろんな使い方ができます。口を拭う、汚れを拭うのはもちろん、オフィスでお菓子を取り分ける時に使ったり、レストランで食べ残しを隠したり、メモしたい時にレシートの裏ではなくメモ用紙にしたり、書類を郵送する時に一筆箋代わりにしたり。

私はお金を返す時に、懐紙でぽち袋を作ってコインを入れて渡したり、お友達が家に遊びに来る時に懐紙で箸袋を作ったり、コースターにしたりと、懐紙を楽しんで使っています。

懐紙の使い方は、そのまま相手を思いやる気持ちが現れるので、ちょっとした心遣いが相手に伝わります。季節ごとの柄もあるので、気軽に季節感を出すアイテムとしてぴったりなのです。

懐紙で作る ぽち袋

1 懐紙を左端から3分の1くらいのところで折る。

2 着物の合わせのように、右側を上に折り重ね、端を少し折り返す。

3 裏返して、上下を少し折ればでき上がり。

懐紙で作る 箸袋

1 懐紙を縦に4等分に折り、折り目をつける。

2 右上を真ん中まで、左上を4分の1折り返す。

3 左右を真ん中まで折り、さらに2つに折る。

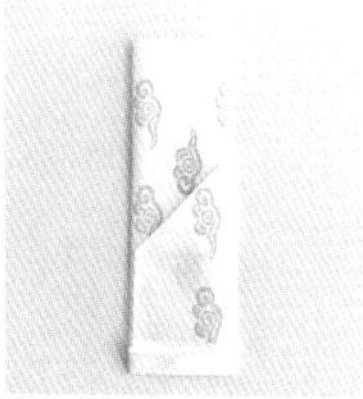

4 裏返して、下を少し折り上げたら完成。

24

生活

涼を取る、ご飯をあおぐ懐かしいうちわのある風景

その昔、日本は季節ごとにしつらえを変える習慣がありました。日差しが強くなってくる前にすだれを出す、綿ののれんや座布団カバーを麻の素材のものに変える、縁側に風鈴をかけるというように夏には夏の支度がありました。特に電気がなかった時代には、居間には必ずうちわ立てにうちわが置かれ、うちわは涼を取るのに欠かせないだけでなく、炊事場の火を起こすとき、お風呂を沸かすとき、髪を乾かすときなどにも使われました。日本でうちわが日々の生活に浸透したのは江戸時代くらいだと言われています。いわゆる道具として使っていた時代からデザインや素材などをこだわるように変化していきました。

うちわといえば思い浮かべるのは街頭で配っているプラスチックの広告うちわという方も多いのではないでしょうか。すっかり私たちの生活の中で出番が少なくなってしまったうちわですが、プラスチックのうちわと比べると竹製のうちわは風が全然違って感じられます。

房州うちわ、京うちわ、丸亀うちわ、江戸うちわ、奈良うちわ、撫川うちわ、水うちわなど、それぞれの特徴を持ったうちわが、現在も日本各地で受け継がれています。

あらためてうちわの魅力と使い方をおさらいしてみましょう。

涼を取る

今どきはどこでもクーラーがあるのでうちわなんて必要ないと思われがちですが、やっぱり外は暑いですよね。だから夏祭りには、今でも皆さん、うちわを持っていかれるのでしょう。

夕涼みに、夏祭りに、また風をあおぐだけでも蚊除けにもなります。お出かけには少し小ぶりなうちわがよいですね。

冷ます

台所で食べ物を冷ますのにも使えます。私はうちわというと、ちらし寿司を作る母に「ご飯を冷まして」と言われて、おひつに入ったすし飯をうちわであおいでお手伝いをした、子どもの頃の台所の風景を思い出します。酢めしをうちわで冷ますのは、ベタベタしないよう余分な水分とお酢特有の鼻につく香りを飛ばすためです。

また、温かいお弁当をうちわで少し冷ましてから蓋をすると傷みにくいです。ゆでた野菜をいきなり水で冷ますのではなく、うちわでゆっくり冷ますと旨みが逃げないそうです。

飾る・贈る

うちわはうちわ置きに置いたり、壁にかけたりできる、まさに目で涼を取るアートです。例えば、京うちわの透かしうちわは四季折々の絵柄の切り絵細工を施した美しいものです。夏のしつらえに、玄関飾りにうちわそのものを目で楽しめます。

またお花を贈る代わりに、お祝い事、暑中見舞いなどにも美しいうちわを贈るのも喜ばれると思います。

25

生活

こす、拭く、切る晒しもめんの使い方

日本人が晒しもめんを使わなくなったのは、おそらくキッチンペーパーや電子レンジが登場してからでしょうか。白いコットンの反物、着物の何か？　と疑問に思う方もいるかと思います。晒しもめんは、かつて日本人の生活になくてはならない台所道具でした。台所以外でも胸の大きい方の着物の補整に使ったり、妊婦さんの身体を保護するためにお腹に巻いたり、昔は布おむつなどにも使いましたね。もちろん、今でも変わらず使えますし、実はとても万能です。晒しがあればラップやペーパータオルを使わずに済むサステナブルなアイテムです。反物の状態で売っているものは好きな長さに切れるので、使いたい用途に合わせてカットできます。

こす（熱々のお出汁をこす）

ざるだと少し粗すぎますが、晒しならよいあんばいにこすことができます。

拭く（お茶碗を拭く、台拭きに使う、包丁やまな板などをさっと拭く）

ふきんにも雑巾にもなります。

水気を切る

蒸し器の露取り、サラダなどに使う葉物やお豆腐の水切りに、ゆで野菜の水気取りに、ヨーグルトの水気をこすなど。

キッチンペーパー、ラップの代わりに

ご飯に軽く濡らした晒しをかけておくだけで乾燥を防ぎ、湯気などの水気を吸ってくれます。おむすびを握るときのラップ代わりにも。

コーヒーフィルターの代わりに

紙のフィルターの代わりに晒しを使うとゴミが出ません。

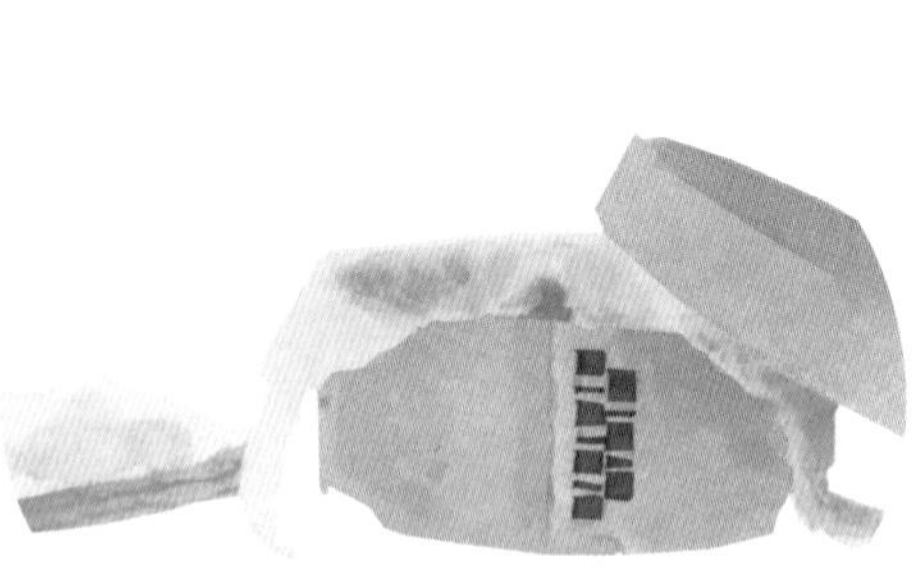

26

生活

万能な手ぬぐいは防災グッズの必須アイテムです

肌に優しい素材感、拭いたり、包んだり、飾ったりと自由に工夫できる使い勝手のよさ、畳めばかさばらない薄さと速乾性のよさ、デザインの楽しさ、私にとって手ぬぐいは日々の生活になくてはならないものです。そんな毎日の生活に加えて、防災グッズを入れるバッグに必ず手ぬぐいを2枚入れています。

手ぬぐいは端っこが切りっぱなしになっているので雑菌が溜まりにくく、コットンなので洗ってもすぐに乾きます。災害の時に必要なものがすぐに手に入るとは限りません。家族ひとりに最低2枚ずつ用意して、非常時の手ぬぐいの使い方を覚えておくだけで、さまざまな場面で役立ってくれるはずです。

マスク代わりに

災害時の感染症予防、粉塵、火災など、緊急時にマスクが手に入らなくても手ぬぐいが1枚あれば、とりあえず代用できます。結びやすく、洗ってもすぐ乾くので衛生的です。

包帯・三角巾代わりに

あまり知らない人も多いのですが、手ぬぐいは簡単に手で縦に裂くことができます。けがをした時に包帯代わりに使うことができるので救急時の備えに。骨折した時も手ぬぐい2枚をつなぎ合わせて輪っかを作れば、腕を支え固定することができます。

熱中症・火傷の手当てに

火傷をした時、手ぬぐいを水で濡らして冷却剤代わりに患部に当てます。熱中症の時も手ぬぐいを水で濡らし、額や首に巻くと冷却作用が働きます。

汗拭き、防寒に

手拭きにはもちろんですが、暑い時は汗拭きに、水に浸して首に巻いたり、肌寒い時には首に巻いて防寒に。

帽子の代わりに

非常時には髪の手入れができないことから、特に女性は髪を気にする方が多いそうです。

粉塵対策、日除け、汗対策に、手ぬぐいを帽子代わりに頭に巻きます。

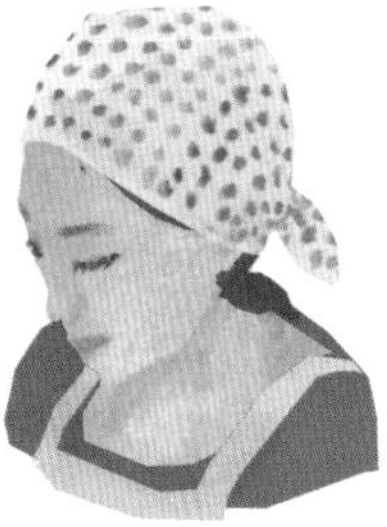

27

生活

まるで実験みたい 色遊びが楽しいキッチン染色

初めてキッチンで染めたのは、玉ねぎの皮で染めた白足袋でした。すっきりと汚れが落ちなくなってしまったのだけど、まだ捨てるのはもったいないと思い、なんとなく思い立って普段用に染めました。夜遅くに玉ねぎの皮をぐつぐつ煮て、足袋を投入するのは、なんとなく実験みたいで楽しい時間。優しい黄色の足袋ができ上がりました。

それ以来、気が向いた時に色褪せたTシャツを染めて甦らせたり、晒しもめんでオリジナル手ぬぐいを作ったりしています。刺し子ふきんを作るのに、糸染めからしてみたりするのも面白いものです。

にんじんの皮、なすの皮、玉ねぎ・紫玉ねぎの皮、よもぎの葉、ぶどうの皮、みかんの皮、パセリ、コーヒーの出がらしなどのキッチンで出る捨ててしまうものを使って染めれば、優しい自然の色に出会えます。また、ちょっとした絞りや型染めなどもアクセントになるので試してみてください。

そして、先日、お友達への贈り物用に、ぼかし染めのオリジナル手ぬぐいを作りました。染料屋さんで染料を買って、晒しもめんを切って染めました。生地を浸ける時間や色の混ぜ方で最終的に落ち着く色は変わってくるので、それもまた実験みたいでワクワクします。

野菜を使ったり、染料を使ってみたり、キッチンでちょっとした染色時間を体験してみてください。

玉ねぎ染め

【材料】

玉ねぎの皮…10個分　焼きみょうばん…5g　晒しの手ぬぐい…1枚

【作り方】

1―玉ねぎの皮をさっと洗う。

2―大きな鍋に**1**を入れ、ひたひたになるくらいまで水を入れて火にかける。

3―沸騰したら20分ほどぐつぐつ煮て、火を止め、30分ほど放置する。

4―ざるにキッチンペーパーを敷いて**3**をこし、鍋に戻す。

5―手ぬぐいを水で濡らし、軽く絞ってから**4**に入れて、ときどきかき混ぜながら中火で30分ほど煮る。

6―火を止めたら1時間ほど放置する。

7―別の鍋に水１００㎖を沸かして、焼きみょうばんを溶かす。

8―**6**の手ぬぐいを**7**に15分ほど浸す。

9―余分な染料を落とし、陰干しする。

＊草木染めの場合、新品のコットンはあまり染まりません。新品のコットンは一度洗濯してから、豆乳：水＝1：1の割合で薄めた液に浸してから染めましょう。

28

生活

思い出したい心遣い
心を包むのが風呂敷です

大風呂敷というと、現在では1m四方くらいの大きさを言いますが、かつて結納を交わしていた時代には、結納の箱が包める1mからお布団が包める2m四方までの大きな風呂敷に「寿」の文字を染め抜いてあるものや桐唐草の文様のものが使われました。泥棒イメージの強い桐唐草ですが、繁栄を表す縁起のよい文様なのでお祝いにぴったりなのです。「大風呂敷を広げる」ということわざは、私たちが想像する以上に大きな風呂敷をイメージされていたのかもしれませんね。

さて、現在の日本でおうちに風呂敷を常備している人はどれくらいいるでしょう。買い物の時に紙袋やプラスチック袋がもらえるようになってから、すっかり風呂敷を使う人が少なくなってしまいました。エコ思考が強くなってきた昨今、その魅力を再認識したいものです。

布でものを包む歴史は、すでに奈良時代には始まっていたといわれ、室町時代には風呂（当時は蒸し風呂）の行き帰りに衣類を包み、脱衣所で広げたようです。諸説ありますが、これが「風呂敷」の語源といわれ、文字通り、敷くものであり、包むものでした。そののち、風呂敷は大切なものを包む道具として使われるようになり、商いが盛んになった江戸時代には、人々がさまざまな用途で工夫をして使うようになったのです。

風呂敷は色柄、素材、大きさもいろいろ。包むものの素材、大きさ、相手やＴＰＯに合わせて風呂敷の大きさ、色柄、包み方まで変える。そして、相手を想いながら丁寧に包み、結ぶ、この一連の工程の中に相手を敬う心遣いが日本の「包む文化」の中には息づいています。

一般的な贈り物に「おつかい包み」、丸いものでも包めてしまう「すいか結び」、ワインや日本酒など1〜2本包める「ボトル包み」など、大きさや形に合わせてさまざまな包み方を覚えると楽しくなります。

日常生活の中でも

贈り物を包むだけでなく、私はたんすの中での着物の整理に使っています。たとう紙は長年使っていると紙が湿気を含み、かえって着物によくないので、風呂敷で包んでいます。

また、旅行に行く時、スーツケースの仕分けに風呂敷を。細かいものもまとめられるし、荷物が多少増えても風呂敷なら包めてしまいます。

その他、お弁当包み、バッグの代わりの「ショルダーバッグ」、専用のハンドルをつければいつでも簡単バッグに。スーパーのバスケットに2枚設置して「風呂敷ショッピングバッグ」など、日常生活でも活躍のシーンがたくさんあります。

29

生活

風鈴の音色を楽しむ感性は日本人ならではのものです

風鈴の音色が近所迷惑だと外にかけるのを避けるという世知辛い世の中になってしまいましたが、冷房もなかった頃、風鈴は夏の涼を取るために欠かせないものでした。

チリリンと風に揺れた風鈴の音に耳を澄まし、少し涼しく感じる……という経験をしたことがない世代も増えています。どんな時もまったく同じ風、同じ空気というのはなく、風鈴は目に見えない風の流れを音で知らせてくれます。風鈴の音は、波の音、小鳥のさえずり、川のせせらぎと同じように、心を癒やしてくれる音だと思うのです。

とはいえ、この風鈴の音で涼しく感じるのは日本人だけだそうです。虫の音を楽しむというのも日本人くらいで、他の国の人には雑音にしか聞こえないと言います。ましてや風鈴の音で体感温度が変わるなんて、信じてもらえないでしょう。でも、そこが日本人の感性で、その心の余裕がとても素敵なことだと思うのです。

風鈴の発祥は中国で、もともとは占いに使われたり、魔除けに使われたりしたそうです。現在でもお寺の屋根の四隅に青銅でできた鐘のような風鐸が吊り下げられているのを見かけます。この風鐸が風鈴のもとだったようです。

時代とともに、涼を取る夏の道具として定着していきましたが、その素材もさまざま。ガラスの江戸風鈴、真鍮製の高岡風鈴、南部鉄の南部風鈴、砂張《さはり》製の小田原風鈴など、各地それぞれの素材によって奏でる音色を一つ一つ聴いてみたいものです。

また音が近所迷惑にならないようにと最近は室内用の風鈴も登場しています。

風鈴本来の目的と違ってしまいますが、ご近所が気になる方は、外から流れてくる風を部屋の中で感じるのも一つの方法かもしれません。例えば、駿河竹千筋細工で作られた台が目に涼しい風鈴は、室内用ですがとても美しいです。美しいものを見て、音色を聴いて、季節を感じる心を忘れないでいたいですね。

30

生活

着物に薫き染めて ほのかな香りを楽しむ

ふとした香りに昔を思い出す……そんな経験ありませんか？ ふと嗅いだ香りに突然、すっかり忘れていた人を思い出す。お料理の香りに誰かと過ごした日々をふと思い出す。香りは人々の記憶にくっきりと刻印させるものだなと思うのです。

「追風用意《おいかぜようい》」「薫《た》き染《し》める」という言葉を使うことも、意味を知っている人も少なくなってしまいましたが、源氏物語がお好きな方はご存じかもしれません。「薫き染める」は、お香を薫いて、その香りを着物に染み込ませること。「追風用意」

とは、その薫き染められた着物の香りが、すれ違いざまにフワッと漂うことを言います。

お香はもともと仏様に供える祈りの香りでしたが、平安時代から生活の中に取り入れられてきました。

お香にはさまざまな種類がありますが、着物に薫き染める時は、空薫《そらだ》きという方法を使います。

空薫きとは、伽羅《きゃら》・沈香《じんこう》・白檀《びゃくだん》などの香木や練香などに間接的に熱を加え、煙を出さずに香りを燻らせます。昔は着物に空薫きする時は、香を薫き、その上に竹籠のようなもので覆い、着物をかけて燻らせたようです。夜の照明のない時代は、その香りで誰だかわかった、なんてこともあったようです。五感の使い方がロマンチックです。

現代でも、おこした炭を灰にうずめ、香炉からゆっくり流れる香りを感じる空薫きを楽しむことはできます。お香を薫いたお部屋に着物をかけておくと、ほんのり香りが薫き染められるかもしれません。

炭なので火の粉が心配と言う方には、最近は電気香炉もあります。専門店で香りを調合してもらうことも可能です。自分のアイデンティティを感じさせるような、お気に入りの香りが見つかるとうれしいですね。香りは、いつもの日常をほんの少し豊かにしてくれる魔法みたいだなと思います。

31

生活

お客様が到着する少し前にお香を立てる

朝起きて一杯のお茶とともに、ちょっとリラックスしたい時に、瞑想をする時に、雨の日などにもお香を1本立てます。また、お友達が遊びに来る日は、到着する少し前にお香を1本立てます。香りは個人の好き嫌いがあるものなので、玄関を入ると残り香がフワッと香るくらいがいいのかな、と思っています。私自身も香りとともにお客様を迎える気持ちがワクワクしてきます。お香の原料は白檀、沈香、桂皮《けいひ》・丁子《ちょうじ》などの漢薬香料を粉末にした天然由来の香りです。とても優しく落ち着きます。

海外でも瞑想をする人は多く、インセントスティック（お香）もよく売られています。日本のお香は質が高いと、お土産にするととても喜ばれます。

お香は茶道のように「香道」という「道」なので、もちろん歴史も長く、奥が深いものです。でも、現代では気軽に好きな香りを、好きなスタイルで、香りを身近なものにしていただきたいです。

仏壇に備えるお線香以外にも、直接、火をつけるスティック、円錐、渦巻と形の違ったお香があります。スティックや円錐タイプは5~20分ほど、渦巻きタイプは2時間ほどで、短い時間で気軽に楽しめます。香皿も小さくて、豆皿みたいで見るのが楽しいものです。

常温の状態でも香りを楽しめるにおい袋は、デスクに置いてみたり、たんすに忍ばせたり、着物を着た時に袂に入れたり、帯締めにひっかけたりしています。

最近は何でもメールで済ませてしまいがちですが、お礼状を送る機会があったら、ぜひ文香を忍ばせてみてください。手紙を開けた時に思いがけずフッとよい香りがするとうれしいですし心に残ります。

本格的にじっくりお香の時間を持ちたい方には、灰を入れた香炉に香木や練香、印香を沈めて間接的に熱を加える空薫きというスタイルもあります。

32

食

季節を感じる梅仕事、梅三昧

5月頃になると実家の畑には古い梅の木に大小たくさんの実をつけます。この頃になると、毎年、梅干しを漬ける母から「そろそろ梅を採らなきゃ」と連絡があります。なるべく5月には実家に帰り、一緒に梅の木を揺すって梅を落とします。家族に分けるくらいの量は十分採れます。5月に漬け始め、夏の土用の頃にざるに並べて三日三晩干し、完成です。子どもの頃から、ざるに並べた梅が太陽の光を浴びる様子を見るのが好きでした。梅干しは母が作ってくれるので、私はもっぱら簡単に作れる梅酒と梅ジュースを作ります。日本ほど立派な青梅は手に入りませんが、海外にいても5月になると毎年「梅の季節だなぁ」と感じるのは日本人だからでしょうね。おむすびは日本人のソウルフード、具はやっぱり梅干

しです。

梅仕事に限らず、春夏のびわ、さくらんぼ、杏、桃、秋冬はかりん、金柑、梨など、それぞれの季節ごとの果実で作ることができます。季節の旬を感じつつ、おいしいフルーツをいただく手仕事はなかなか楽しいものです。

梅干し

【材料】

梅…3kg　焼酎…½カップ　塩①…300g

赤しそ…600g　塩②…120g　氷砂糖…300g

【作り方】

1 ―梅は洗い、楊枝などでヘタを取る。

2 ―たっぷりの水に一晩つけて、アクを取る。

3―ざるにあげて水気を切る。

4―梅を小分けにして、焼酎をかけてよくまぶす。

5―熱湯をかけて殺菌した瓶に塩①と梅を交互に入れ、落とし蓋に重石をして4～5日置いておく。

6―赤しその葉を洗い、塩②を加えよくもみ、黒いアクは捨てる。これを2回繰り返す。

7―4～5日置いて上がった梅汁をボウルに移し、赤しそを混ぜ、さらにもむ。

8―赤しその汁を梅干しの瓶に戻し、氷砂糖を加え、夏の土用まで保管する。

9―夏の土用に風通しのよい場所で三日三晩干す。

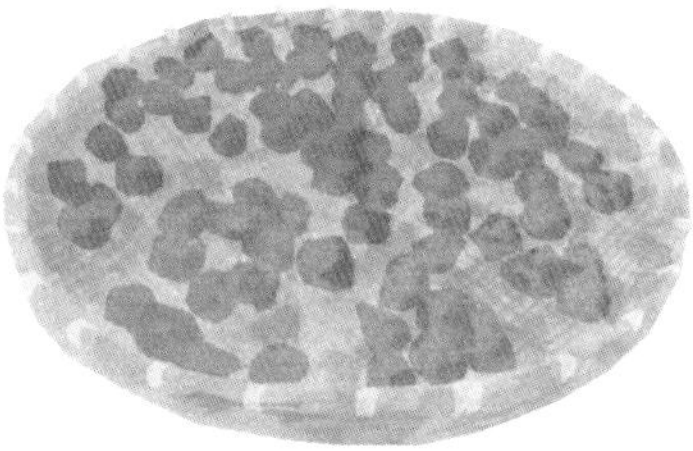

梅酒

【材料】

青梅……1kg　氷砂糖……200〜500g

焼酎……1.8ℓ

【作り方】

1―梅干しの作り方**1**〜**3**までと同じ。

2―瓶に梅と氷砂糖を交互に入れる。

3―焼酎を注ぐ。

4―蓋をして冷暗所に保管する。

5―時々、瓶を揺り動かし均等に混ぜる。

＊3〜6カ月くらいでおいしくいただけます。

梅ジュース

【材料】

青梅…1kg　焼酎…適量　氷砂糖…1kg

【作り方】

1―梅干しの作り方**1**～**3**までと同じ。

2―竹串で梅の実を突いて果汁が出やすいようにする。

3―梅を小分けにして、焼酎をかけて殺菌する。

4―瓶に梅と氷砂糖を交互に入れる。

5―蓋をして冷暗所に保管する。

6―時々、瓶を揺り動かし均等に混ぜる。

7―1～2カ月くらいで梅がしぼんできたら、梅を取り出す。

8―冷蔵保存するか、80℃まで加熱してから保存する。

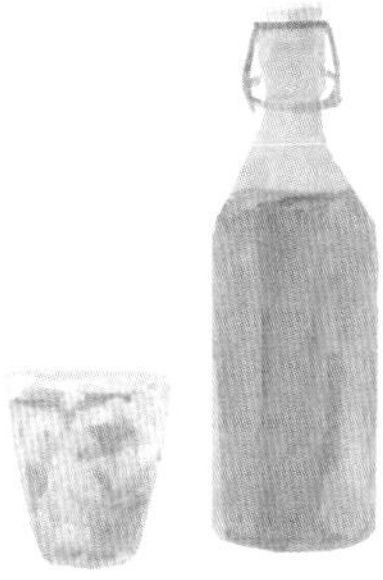

33

生活

水にも火にも強い桐が日本の風土に合っているわけ

古来、日本の多湿な気候の生活には桐はなじみが深い素材で、かつて桐たんすは婚礼家具の定番でした。桐と言えば、桐たんす。桐たんすと言えば着物を収納するものというイメージがありますよね。桐たんすは着物だけでなく、大切なものをしまっておくものでした。

それにはちゃんとした理由があります。

桐という木材は「湿気に強い」と言われています。他の木材と違い、水分量の変化に左右されず伸び縮みしにくい。つまり、湿気の有無による反りや割れが少ないのです。その桐の特徴を知り尽くし、微妙な湿度・気温を考えて作る技術を持つ職人さんが、引き出しの部分、接合部分に狂いがなく隙間のないたんすを作ることができるのです。

湿気に強いというレベルではなく、水害時に桐たんすが水に浸かってしまったけれど、中の着物や衣類は無事だったという話を聞いたことがあります。

また、桐は「断熱性が高く、発火しにくい」と言われています。表面が焦げて炭化してしまったら、そのあとは熱伝導が遅くなり中まで燃えないそうです。火事で桐たんすの表面が真っ黒に焦げても、中の貴重品は無事だった、というエピソードもたくさん報告されているそうです。

水にも火にも強い。昔から水害などの自然災害が多く、火事も多かった日本で、婚礼家具に桐が選ばれていたのも、送り出す親御さんの想いを感じます。

そういう私も桐を使ったものをいろいろ使っています。結婚した時に買った桐の洋たんすはもう25年以上経ちますが、日本からアメリカに一緒に引っ越してきました。湿気に弱い着物やジュエリーなどを長年にわたって守ってくれています。

桐の素材で作られたものは家具ばかりではありません。

私がずっと気に入って愛用しているのが、桐の米びつとまな板です。お米の味は保存状態に左右されます。桐は断熱性が高く、気温湿度などに影響されにくく、結露が起こらないので米びつにぴったりな素材です。桐にはタンニン、パウロニン、セサミンなどが多く含まれ、細菌や虫の食害も防ぐので、お米が劣化しにくいのです。桐にはお米の酸化を抑制する効果もあるのです。

桐のまな板は大中小と使っています。桐は柔らかい木材です。野菜を切る時もプラスチックのものとは全然切り心地が違います。何より、とにかく軽いので使い勝手がよいのです。木目も美しいので、大きいサイズのものは、チーズやハムやナッツなど、おつまみを盛りつけるのに重宝しています。

昔から日本の風土に適した木材として愛されてきた桐ですが、現代においても、もっと評価されてほしい素材です。

34

食

日本酒は温度によって楽しめる世界でも珍しいお酒です

夏の暑い日、ある料理屋さんで目の前にガラスの徳利とお猪口が出てきて、お猪口に日本酒が注がれたとたん、みるみるシャーベット状になっていったのです。それはもうマジックみたいで目に楽しく、思わず「わぁ〜」と声が出てしまいました。これは過冷却した日本酒にわずかな衝撃を与えると一気にシャーベット状に凍る、みぞれ酒です。

日本酒は、みぞれ酒、冷酒、冷や（常温）、ぬる燗、熱燗、燗冷ましなど、温度によって味の変化を楽しめる世界でも珍しいお酒。温度差で甘み、苦み、旨みが違って感じられます。しかも温度によって呼び方が変わるという繊細さです。

温度別の呼び方

55℃以上	飛び切り燗
50℃	熱燗
45℃	上燗
40℃	ぬる燗
35℃	人肌燗
30℃	日向燗
20～25℃	冷や（常温）
15℃	涼冷え
10℃	花冷え
5℃	雪冷え
0℃	みぞれ酒

私の父は生前、日本酒が大好きで、毎日必ず、一合のお酒をぬる燗で飲んでいました。そのせいか、どうしても日本酒っておじさんの飲み物のイメージが強いのですが、今や日本酒はその繊細さや奥深さから、海外でもＳＡＫＥとしてとても人気が高いお酒なのです。

冷酒

冷やすことで甘さや日本酒独特の香りが押さえられ、スッキリ飲みたい方におすすめです。

冷や

20〜25℃の常温の日本酒。お酒の本来の味を味わうことができます。

ぬる燗

少しぬるめに温められた日本酒で、ふんわりとした苦みや甘みが楽しめます。

熱燗

温度が低ければ低いほど甘みが強く、温度を上げていくと甘みが旨みに変わっていきます。

一旦、ぬる燗または熱燗にしたお酒を冷まして飲む「燗冷まし」という飲み方も人気があります。その微妙な味の違いを楽しむ方も多いようです。

そして、お水を飲みながら日本酒を飲んでいる方をよく見かけます。このお水を「和《やわ》らぎ水《みず》」と言います。合間にお水を飲むことで、ゆっくりと酔いがまわっていきます。

また、原酒や生酒などをロックで飲んでみたり、ソーダ水で割ったりとさまざまな飲み方もできます。お猪口だけでなくワイングラスを使ってみたりと、酒器によっても香りや味わいが違ってくるのも楽しいところです。

35

食

鰹節を削る音と香りを食卓に

昔は食卓で鰹節を削る音とともに削りたての鰹節のよい香りがしたものです。最近は鰹節といえばもっぱらパック入りで、昔のように食卓で鰹節を削る家もすっかり減ってしまいました。

鰹節削り器で削ったことがある方はわかると思いますが、最初は削るのもコツが必要で、プロに言わせるとうまく削れるようになるのに1カ月はかかると言います。が、私は初めての人でもすぐ削れる鰹節削り器を使っています。うまく薄いヒラヒラの鰹節が出てくるとニッコリ快感です。パック入りとの一番の違いは「香り」です。鰹節は削りたてから30分で酸化が始まるとも言われています。だからこそ削りたての香りと味は格別なのです。

出汁だけでなく、湯豆腐や焼きなす、お好み焼きにも躍る鰹節をのせると心も舌も躍ります。

関西と関東の鰹節の違い

鰹節を削るのもコツがいるのですが、鰹節そのものも奥が深いのです。

関東と関西では出汁が違うとよく言われますが、そもそも鰹節の加工方法が違うのです。

関西で使われる「荒節」は表面に焼き目がついていて、関東で使われる「枯節」は荒節の表面を削り、カビをつけ天日干しを繰り返し、水分を抜いたものになります。

また、加工方法だけではありません。削り方にも違いがあります。

私は関西なので、鰹節と言えばヒラヒラの薄い花かつおを思い浮かべますが、それは関西の削り方で、関東では厚削りが一般的なのだそうです。この削り方の由来は、水の違いによる出汁の取り方の違いです。関東の硬水では厚削りで時間をかけて煮出して濃い出汁を取ります。関西の軟水では、煮立てず、さっと出汁を取るので薄く表面積の大きい削り方が適しているそうです。

荒節は燻製にして1カ月くらいなので、水分量も多く、渋みとコクがあり、うどんなどの麺類に、枯節は水分が少なく旨みが凝縮されているので、煮物やお吸い物などに適しています。

引き出物に鰹節？

最近は減ってきましたが、田舎の結婚式の引き出物に鰹節をいただくことがあります。

なぜ、鰹節？と思われると思いますが、鰹節はカツオの背側を雄節、腹側を雌節と言います。雄節と雌節が合わさって一対となることから、夫婦円満を願う縁起物と考えられたそうです。

鰹出汁の取り方

薄削りで取る場合

【材料】
水…1ℓ　鰹節…30g

【作り方】

1 ─湯を沸かし沸騰したら、火を止めて薄削りの鰹節を入れ1〜2分置く。

2 ─ざるに晒しかキッチンペーパーなどを敷いてこす。

厚削りで取る場合

【材料】

水…1ℓ　鰹節…30g

【作り方】

1―湯を沸かし沸騰したら、厚削りの鰹節を入れる。

2―丁寧にアクを取りながら、10分ほど煮る。

3―火を止め、ざるに晒しかキッチンペーパーなどを敷いてこす。

36

食

旨みが凝縮された干し野菜は太陽の恵みなのです

まだ子どもが小さかった頃、コンパクトな干しかごをマンションのベランダにかけて始めた干し野菜作り。初めて自分でトマトを干して食べたドライトマトのおいしさは忘れられません。

生のしいたけより干ししいたけのほうが栄養価が高く、旨みが凝縮されていると聞いたことがあると思います。冷蔵庫が初めて日本に登場したのが昭和初期。それまで冷蔵庫がなかった時代には、たくさん採れた野菜を干して乾物にしたり、漬け物にしたりと工夫して保存していました。干し野菜の代表、干ししいたけ、切り干し大根はおなじみの保存食です。

野菜は干すことで水分が抜け、野菜本来の旨みや甘みが凝縮されます。火の通りも早くなり、煮崩れしにくく、歯ごたえがよくなります。水分が少なく味が濃くなるので、少量の調味料でも素早く浸透します。切ってから干すので、調理にすぐとりかかれて時短にもなります。もちろん、たくさん作っても保存しておけます。とにかく、おいしいし、いいことずくめなのです。

干し野菜を始めると、季節ごとの旬の野菜はもちろんのこと、トマト、パプリカ、きのこ、れんこん、かぼちゃ、レタス、きゅうり、なす、えだまめ、パイナップルなど、やってみると干す前と干した後の味の違いに驚いたり、お料理のレパートリーが増えたり、次は何を干してみようと楽しくなってしまうのです。干し野菜をいろいろ入れたお味噌汁やスープは、野菜の旨みだけでお出汁いらずです。漬け物も水っぽくならず野菜の味が濃くなります。

大人も子どもも、干し野菜を食べて、野菜嫌いを克服したという話もよく聞きます。

太陽の光をたっぷり浴びた干し野菜で、野菜の新たなおいしさを発見してみてください。

ドライトマトのオイル漬け

【材料】

ミニトマト…2パック

エキストラバージンオリーブオイル…適量

保存用の密閉容器

【作り方】

1―ミニトマトを半分に切り、キッチンペーパーで水気を切る。

2―干しかご、またはざるに並べて天日干しする。

3―密閉容器に移し、ひたひたになるくらいオリーブオイルを注ぐ。

＊干せない時は、110℃くらいに熱したオーブンで水分を飛ばしながら1〜2時間低温加熱する。

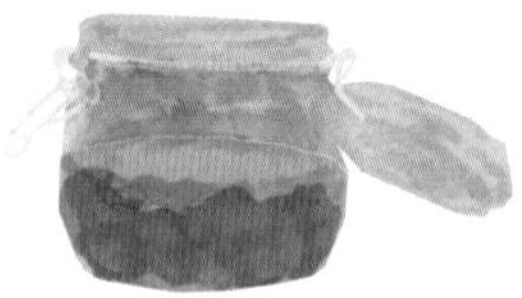

干しにんじんのキャロットラペ

【材料】

にんじん…1本　レーズン…10g

くるみ（お好みで）…10g

オリーブオイル…大さじ1.5

レモン汁…大さじ1　酢…小さじ1

蜂蜜…大さじ½　塩…小さじ½

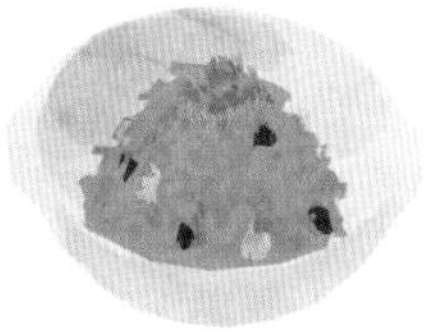

【作り方】

1―スライサーなどでにんじんを厚めにスライスする。

2―干しかご、またはざるに並べて天日干しする。

3―調味料をまぜ合わせ、干したにんじん、レーズン、くるみを和える。

37

食

和食の配膳は左優位と右利き文化なのです

お味噌汁をひと口、次にご飯をひと口、おかずをひと口、そしてご飯に戻る。最後はバランスよくピタッと食べ終えられるとうれしい、なんていうのは私だけでしょうか。それはともかく、和食ではご飯が主食、ご飯を中心に食事を進めるというのが正しいとされています。器の配膳の基本は、一汁三菜で配置を覚えておきたいものです。

左側にご飯、汁物はご飯の右側、メインのおかず（主菜）は右奥、副菜・副々菜は主菜の左側になります。

ご飯が左側というのは、本膳料理の左が上位、右が下位の左優位の考えに基づいて、主食のご飯は左側と定められたようです。本膳料理は室町時代に武家の礼法をもとに確立した膳料理です。現在の会席料理は、本膳料理の簡略化されたものと言われています。

また、日本は右利き文化なので、お茶碗は左手で取りやすい場所に置いたほうが所作も美しくなります。

お魚にも向きがあります。焼き魚など頭と尻尾がある魚は、頭が左になるように、頭がない切り身の場合は幅の広いほうを左側、皮を上にして盛りつけましょう。干物は切り身と逆で、身のほうを上にします。

梅干しや漬け物は、ご飯と汁物の間に。醤油さしや湯飲みは右奥に置きます。

左利きの方はお箸の向きだけ逆にします。配膳そのものを逆にしてしまうと、陰膳になってしまいます。着物のように左前に合わせるのは故人の着方であるように、逆に配膳してしまうと故人に備える陰膳となってしまいますので、気をつけましょう。

配膳の位置は、地域や家庭によって違いがあるかもしれませんが、ご飯が左、汁物が右、メインのおかずは右奥という3点だけでも覚えておきましょう。

また、配膳されたお皿には食べる際に持ち上げてよいお皿と持ち上げてはいけないお皿があります。主菜の大皿、中皿、中鉢などは持ち上げるのはルール違反。直接取りにくい時には取り皿

を用いましょう。茶碗、汁椀、小鉢、小皿は持ち上げてもよいお皿です。

2013年に和食が世界遺産に登録されました。

〝南北に長く、四季が明確な日本には多様で豊かな自然があり、そこで生まれた食文化もまた、これに寄り添うように育まれてきました。このような、「自然を尊ぶ」という日本人の気質に基づいた「食」に関する「習わし」を、「和食；日本人の伝統的な食文化」と題して、ユネスコ無形文化遺産に登録されました。（農林水産省）〟

というのが登録された理由です。

自然と四季と日本独自の美意識、伝統が和食には凝縮されています。日本人として、ごく基本的なことだけでも覚えておきたいですね。

38

心

大げさに包むほどではないけれど〝ほんの気持ち〟の表し方

私はいつも持ち歩く手帳に2、3枚のぽち袋を入れています。これが何かと便利なのです。

少額の現金を渡す時、会費を払う時、お年玉を渡す時、旅館などで心づけを渡す時、裸で渡すのも……と思った時に使います。また、手紙ほどかしこまらず、一言伝えたいときに メッセージを一筆箋に書いてぽち袋に入れて渡します。

ぽち袋は小さなお祝儀袋。少額の祝儀や心づけを渡す際に使われます。諸説ありますが、「ぽち」は、わずか、少しばかりという意味の「これっぽっち」という言葉に由来すると言われています。花柳界、芸能界で贔屓の芸者やお店に心づけを渡すときにお金を白い和紙に包んでいたものが、やがて袋状のものに変化していきました。

あまり細かいルールはありませんが、お札を入れる際には、肖像画のあるほうがお札の表なので、表が内側になるように左側から3つ折りにします。4つ折りは縁起が悪いと思う方もいらっしゃるので避けましょう。

なんとなくお金の受け渡しって少し緊張感があるのですが、お金を裸で手渡すより、かわいらしいぽち袋で渡すことで、その場が少し和み、「ほんの気持ち」の感謝の心が伝わるような気がしています。相手を気遣い、逆に気遣わせないようにする粋な日本の習慣です。

人に渡すだけでなく、自分用にもバッグの中でお薬や絆創膏、切手、USBメモリなど小さなものを入れるのにも使います。また、手を洗う時にはずした指輪を入れたり、美容院でピアスなどアクセサリーを外す時にも便利です。

39

心

縁起物大好き 想いを表す日本の文様

日本人は縁起物が大好き。私もおめでたい席で着物を着る時は常にどんな吉祥文様の着物や帯にしようか考えます。

日本には古くから伝わるおめでたい吉祥文様、縁起のよいとされる縁起柄がたくさんあります。日本文化に興味がないと思っている方でも、着るもの、食べるもの、器、インテリア、アクセサリーなど、どこかで必ず目にしているはずです。動物、植物、生活用品などをモチーフにした文様の意味を知ると、不老長寿、夫婦円満、子孫繁栄、無病息災など、それぞれに祈りや想いが込められていることがわかります。

【動物】

鶴……長寿の象徴。鶴は一度夫婦になると一生添い遂げることから夫婦円満を願って、結婚のお祝いによく使われます。

亀……長生きすることから長寿の象徴。

鯛……「めでたい」の語呂合わせから、お祝いの定番です。

河豚《ふぐ》……「ふく」とも呼ばれることから「幸福」を引き寄せるとされています。

鴛鴦《おしどり》……仲睦まじい夫婦のことを「おしどり夫婦」と言うように、オス（鴛）とメス（鴦）が寄り添っていることから、夫婦円満の象徴とされています。

貝合わせ…ハマグリの貝殻は同じ貝殻としかぴったりと組み合わせることができないことから、夫婦が一生添い遂げるようにと、夫婦円満の象徴とされています。

鱗………魚や蛇の鱗をイメージしたもので脱皮することから「再生」と「厄除け・魔除け」の意味があります。

【植物】

松と竹……どんな土地でも力強く育ち、冬でも緑を絶やさないことから「不老長寿」を象徴します。

梅………冬の寒さをじっと耐え、それでも見事に花を咲かせる忍耐力と生命力から縁起がよいとされました。

麻の葉……麻はまっすぐとスクスク育つことから、麻のように健康に育つよう子どもの産着などによく使われてきた文様です。

唐草……蔓のある植物は、勢いよく伸びていく生命力の強さに、「子孫繁栄」「長寿」を表します。

瓢箪《ひょうたん》……瓢箪はたくさんの実をつけることから「子孫繁栄」、また3つの瓢箪を並べて「三拍（瓢）子」、6つ並べて「むびょう（六瓢）」と読ませ、「無病息災」を祈る文様もあります。

茄子《なす》……「成す」とかけて、物事がうまくいく「成功」を意味するとされました。「一富士二鷹三茄子」と言われるように縁起物とされています。

40

心

いつもの一言
美しい和語は大人の響き

最近は仕事の連絡も友達との約束も、ほとんどメールやLINEなどですませてしまいます。英語のやりとりだと1行で済むところ、日本語だと1ページ必要と、よく笑い話になります。あまり、かしこまっても重たいし、かと言って用件のみも冷たく聞こえてしまいそうです。日本語のメールとなると、結構、身構えてしまって言葉って難しいなぁと痛感します。

日本語には漢字を使った漢語、外来語から生まれたカタカナ、和語の3種類あります。

「歩行」「ウォーキング」「歩く」

これだけでも随分、耳あたりが違います。

今どきはカタカナや省略語ばかりで味気のないものです。ある時、知人から新刊が送られてきました。その本と一緒に入っていた一筆箋には、

「お目汚しではございますが、どうぞご笑覧くださいませ」と書かれていました。

「お目汚し」という言葉から、相手に対して恐縮しながらも、お見せしたいという謙遜の心が伝わってきます。

また、ある時は「あのトークショーでのお話は心に沁み入りました」というメールをいただいたことがありました。「心に沁み入る」は、感動しましたという意味ですが、素敵な表現だなと思いました。

日本語って美しい。まさに沁みます。

日常の仕事上のやりとりでも、例えば、「アドバイスいただけないでしょうか?」

と言われるのと、「お知恵をお借りできないでしょうか?」と言われるのでは、
ちょっとしたことですが響き方が全然違います。

「ご尽力いただきまして」　→「お骨折りいただきまして」
「ご配慮いただきまして」　→「お心配りいただきまして」
「またお会いできるのを」　→「また、お目にかかれる日を」
「恐縮ですが」　→「恐れ入りますが」
「待っています」　→「心待ちにしています」

など、いつも何気なく使っている言葉に和語を使うことで、相手への心配りが感じられコミュニケーションを柔らかくしてくれます。ぜひ、このうえなく美しい言葉を使いましょう。

41

心

新年には今年の目標を口にし年末にはだるまの目を入れよう

毎年、年の初めに今年の目標、テーマを決めます。

それは「〇〇の資格を取る」「積極的に人とコミュニケーションを取る」といった具体的な時もあれば、時には「自由に！」とか、直感で決めることが多いです。決めたら「言葉にして誰かに伝える」「言葉にして書く」ようにしています。とにかく決めること、心することが大切だと思うのですが、それを1年心に留めて忘れないようにすることって意外に難しいものです。

そこで、だるまを活用してみましょう。

だるまは禅宗の開祖、達磨大師を模した起き上がり小法師《こぼし》の一つ。何度失敗しても、諦めずに立ち上がる、ことわざ「七転び八起き」の象徴、商売繁盛、開運出世など、古くから縁起物とされて親しまれてきました。

毎年、お正月に開催される高崎だるま市は有名ですよね。群馬県、高崎だるまは200年の歴史を持ち、年間およそ90万個も作られているそうです。選挙の時に見かける大きな赤いだるまを部屋に置くの？　と思った方、最近は小さなかわいい色とりどりのだるまがあるのです。デスクの上や玄関など、ミニだるまを置いておくことで、だるまを見るたびに年始に決めた目標やテーマを思い出します。最初は目が入っていないので、まず片目だけ入れておいて、願いがかなったら、もう一方の目を書き込もう！　と思うと、ちょっとがんばれます。この眼入れは、無い目玉を入れるのではなく、心の目の開眼を表現したものなのです。1年に一度、だるまを新しくして目標を立て、願いをかなえ、年末に振り返り眼を入れる。そんな古くて新しい習慣はいかがでしょうか。

42

生活

日本の明かり、西洋の明かり家はくつろぎの場です

海外に来て驚いたのは、夜、部屋が暗いということ。シーリングライトはなく、フロアランプやデスクランプを部屋の端に置き、ほとんどがオレンジ系の電球の間接照明です。キャンドルをつけることも多く、本当にたくさんのキャンドルが売られています。そんな暗い部屋で、デスクランプの明かりで本を読みます。日本なら「目が悪くなるよ！」と注意されそうです。レストランやバーに行っても、テーブルにキャンドルだけで、お店を見渡してもよく見えないところが結構あります。

一方、日本ではスーパーやコンビニでも蛍光灯が煌々とついていて、家庭でも

白い壁に天井のシーリングライトが白く明るく眩しいほど。日本に限らず、アジアは夜中まで営業している飲食店も多く、夜が明るいのが特徴です。私も日本にいた頃はそれが当たり前で、明るいと感じることもありませんでした。

この違いは、眼のメラニン色素の割合によるもののようです。眼の色によって目に入ってくる光の量が違い、眩しく感じる度合いや色の見え方が違うので、眼のメラニン色素の割合が少ない白人には、白く明るい照明は眩しく感じるようです。それに加えて、夜中遅くまで営業している飲食店も少なく、早めに家に帰ってゆっくり過ごす、家はリラックスする場所という意識が強いのです。とはいえ、日本でもこんなに夜が明るくなったのは昭和に入ってからではないでしょうか。

行灯の明るさは豆電球レベル

日が暮れると街灯がともり、夜空の星もよく見えないほど明るい夜に、私たちはすっかり慣れてしまっていますが、石油ランプが普及するまで江戸時代の一般的な住宅照明器具は行灯でした。障子紙などを貼った枠の中に、火皿に菜種油などを入れ、い草で作った芯を浸し火をともしたもの。置き行灯、手提げ行灯、掛け行灯、釣り行灯などさまざまな種類がありましたが、明るさは60ワット電球の50分の1ほど。手元をやっと照らすことができる程度の明るさだったといいます。菜種油が高価だったため、庶民はイワシなどの安い魚の油を使用したそうで、夜の明かりはとても贅沢なものでした。

この時代の人々が見ていた夜は、想像できないほどの闇だったはず。ネオンや蛍光灯のない新月の夜は闇が深く、満月の夜は驚くほど明るく感じたはずです。そもそも、江戸の人々は基本、早寝早起き。夜遅くまで起きて明かりを使うなんて無駄使いは許されなかったでしょう。

そう考えると24時間営業ってそんなに必要なのか、夜にも煌々と照らす明かりが必要なのか、私たちはもう少し、夜はちゃんと身体を休めてリラックスする時間、家族と過ごす時間にしてもいいのではないかな、と思うのです。少し部屋の明かりを落として、ゆったりとした時間を過ごしてみませんか。

43

生活

お正月に、贈り物に水引で華やかに心を込める

私はかろうじて結納式をした最後の世代かもしれません。結納とは両家が結納金や結納品を受け渡す婚約の儀式です。水引というと、私はその時の松竹梅、鶴亀など結納品にかけられた見事な水引細工を思い出します。もともと水引は贈り物に封をする、人と人との心を結ぶ願いや祈りが込められています。

江戸時代、女性の日本髪や侍のまげの根元を束ねる紙縒《こより》である「元結《もとゆい》」作りが盛んでした。明治維新の断髪令と洋装化で使われなくなると、職人たちは元結の技術を引き継いで、進物の包み紙などを結ぶ水引を生産するようになったと言います。

贈り物に飾る水引の基本

水引飾りがついて売っていることが多い祝儀・不祝儀袋ですが、水引の色には、大まかなルールがあるので覚えておきましょう。

紅白はお年賀、お歳暮、お中元、入学など個人的なお祝いに、金銀は婚礼、仕事関係の受賞に、黒白はお通夜、お葬式に、黄色はその他の仏事に使います。

結び方の基本形は、あわじ結び。覚えてしまえば簡単に結べます。

お正月の祝い箸、プレゼントのリボン代わりに

私が水引を使うのは祝儀袋だけではありません。お正月のおせちを食べる最初のお箸、祝い箸には水引で作る梅結びやあわじ結びを飾ります。梅結びは、固く結ばれた絆や魔除けの意味もあり、婚礼にも使われることも多い縁起のよい結び方です。

箸置きには、祝い袋とおそろいにして、あわじ結びでもいいですし、水引の束をクルッとひと結びして留めるだけでも素敵な箸置きができ上がります。

お正月には家族や親戚が集まって食事をする機会も多いと思います。箸置きと箸袋は、新年の食卓をとても華やかにしてくれると思いますよ。

水引箸置きの作り方

【材料】
15㎝くらいの水引…10本　色違いの水引…1本

【作り方】
1 ―水引は10本の束にして、クルッとひと結びする。十円玉くらいの円を作る。
2 ―結び目に、色違いの水引を巻きつけ結ぶ。
3 ―束になっている水引の端を好みの長さに切りそろえる。

＊色違いの水引の部分の上から四角く切った折り紙を貼っても素敵です。

44

生活

座布団の表裏、前後ろ日本人の本音と建前

私の田舎では法事というと、自宅にたくさんの人が集まって近くのお寺の住職が法要をしてくれます。お食事や引き出物の準備も大仕事ですが、座布団も夏であれば麻のカバー、冬であれば綿のカバーに変えて、皆さんに座っていただくよう準備をします。

さて、和室が少なくなっている昨今、座布団をすすめたり、すすめられたりする機会も少なくなってきました。座布団に表裏、前後ろがあること、ご存じですか？

座布団は四隅と真ん中を糸で留めてあります。中央に結び糸の房が出ているほ

うが表です。そして、座布団の側面、縫い目があるほうが後ろ、縫い目がないほうが前になります。四隅の房は邪気を払う意味があります。対面に置く場合は、縫い目がないほうが向き合うように置きます。

私は歌舞伎が好きでよく観に行くのですが、歌舞伎に座布団が登場する場面がよくあります。ちなみに、江戸時代初期では、まだ綿は高級品で庶民にはいわゆる綿の座布団は贅沢品。庶民は藁やい草をうずまき状に編んだ敷物や円座を使っていました。綿を入れた布製のものになったのは江戸時代後期で、綿の栽培ができるようになった明治時代にやっと庶民の生活にも広がっていきました。

歌舞伎の中で登場する座布団は、お殿様のためのフワフワの座布団です。お殿様レベルじゃないと使えないものだったのがわかります。さて、劇中、腰元がお殿様の座布団、肘かけ、お茶などを運んで来るのですが、その座布団を座布団の前が上にくるように二つに折り、両手で挟み、目の高さにかかげて運びます。座布団の上下など客席からそれがわかる人はほとんどいないかもしれませんが、それが座布団の扱い方だったのです。

二つ折りにするのは「この座布団には、あなたを傷つけるもの（刀など）は入っていません」ということを示しています。また、座布団を開く＝縁を開くという意味も込め、よいご縁になりますように、という縁起担ぎもあったようです。

こうした座布団のマナーを利用して日本人らしいやりとりがあります。

座布団をすすめる際、座布団の縫い目のないほうを前に出すのが本来のマナーです。が、突然、自宅に来た客人に、逆に縫い目のあるほうを前にして出すと、それは「今日はちょっと早めに帰ってね」というメッセージなのだそうです。それを読み取るのに客人は座布団に座り、座布団の前をスッと触るのだそうです。知らないと読み取れないメッセージですが、日本人らしい本音と建前のコミュニケーションです。

座布団のマナー

座布団をすすめられた時にやってはいけないことがいくつかあります。

・座布団に入る時、下りる時、立ったまま踏んだりしない
・座布団を動かしたり、裏返したりしない
・座布団の上で立ち上がらない

座布団は座る位置を決めて置いてあるので、勝手に動かしたりしないようにしましょう。また、主人にすすめられてから、会釈をして座りましょう。

座布団に入る時は、座布団の敷いてある位置より下座側から両手こぶしを使い、体を移動させ座布団に入ります。下りる時も同様、座布団の上で立ち上がることなく、下座側に両手こぶしで体を移動させて下ります。

45

食

土鍋を育てて おいしいご飯をいただこう

アジアに限らず、白米を食べる国はたくさんあります。私もカリフォルニア米を食べているので、ご飯に困ることはありません。が、日本人ほど、白米の味にこだわり、こんなにおいしいご飯を追い求める人種はいないでしょう。

炊飯器の性能のよさもさることながら、土鍋で炊くご飯は格別です。土鍋で炊くご飯は一粒一粒がふっくらつやつや、噛めば噛むほど甘さが際立ちます。

土鍋は保温性が高く、また余分な水分をうまく逃がす吸湿力も備わっています。そして、楽しみは土鍋そのものを育てること。土鍋の性質をよく理解し、使い始めから使い方、お手入れまで、ちょっとしたルールを知ることで長くつきあっていきたいものです。

使い始めはまず「目止め」

土鍋は購入したら、一番初めにやらなくてはいけないのが目止めです。目止めとは、ひび割れや水漏れなどを防ぐための作業です。

土鍋は、土を引き伸ばす過程でできた無数の小さな穴があり、そのままにして使い始めると水を吸ってしまいます。これを塞ぐことでひび割れも防ぎます。最初が肝心、使い始める前にまずは目止めをお忘れなく。

目止めの方法

1 ― 鍋の八分目ほどの水にご飯をお茶碗一杯入れる。

2―蓋はせず、弱火にかけてゆっくりと温めて、吹きこぼれないよう、じっくり1時間ほど煮込む。いきなり強火はNG。
3―1時間経って、土鍋の中がのり状になったら火を止める。
4―鍋が完全に冷めたら、そのまま1~2日放置する。
5―中身を捨てて、洗い、しっかり乾燥させる。
＊ご飯の代わりに小麦粉や片栗粉でもOKです（水に対して1割の分量）。

土鍋と長くつきあっていくために

急冷や急加熱を避ける

土鍋は温度の急激な変化に弱いので、まだ熱いうちに水につけたり、いきなり高温加熱をしたりするとひび割れの原因になってしまいます。

最初は弱火にかけて徐々に温度を上げていく、使い終わったあとも粗熱を取ってから洗うなど、優しく使いましょう。

研磨剤で磨かない

金属たわしや研磨剤を使うと土鍋の表面を傷つけ、せっかく目止めしたものを剥がしてしまいます。塩素系洗剤もNGです。普段のお手入れはスポンジで。焦がしてしまった時は、私は土鍋に水と重曹大さじ2杯ほど入れて、弱火で30分ほど煮立てます。すると大体きれいに落ちます。土鍋は表面を傷つけないよう優しく扱ってください。

しっかり乾燥させてからしまう

土鍋は吸水率が高いので、完全に乾かしてからしまいましょう。水分を含んだまましまうと、カビやにおい移りの原因になります。

46

食

トースト、ししとう、焼きなす 金網で焼いてホクホクを召し上がれ

結婚してから日本で4回、海外に来てから4回引っ越してきた中で、引っ越しのたびに断捨離を繰り返し、手放したものに電子レンジとトースターがあります。電子レンジは蒸し器があればたいてい用は足ります。そしてトースターの代わりになるのが焼き網です。

娘が巣立ち、去年から夫婦2人とワンコ1匹の生活になったこともありますが、2人だと本当にものがいりません。

私が使っている焼き網は京都の金網細工の老舗のもの。金網細工は起源が平安時代にさかのぼる日本の伝統工芸です。トースターを手放したらトーストが焼け

ない。オーブンで焼くのも大げさだし、フライパンで焼くのもちょっと違う。そうしたら金網でトーストを焼くととってもおいしいと聞いて手に入れました。

家庭用のコンロに直接、セラミック網、その上に焼き網をのせて熱し、パンを置いてほんの1、2分。あっという間に表面カリッ、中はフワフワに焼き上がります。そして部屋には芳ばしいパンの香りが漂います。セラミック網の遠赤外線の効果がうまいあんばいで作用してくれているのだと思います。

うちの焼き網は、ちょうどトースト1枚のせられる小さいサイズ。夫婦2人の生活に、ちょっとおつまみに、と気軽に焼き網を出し、ささっといろいろなものが焼ける手軽さはうれしいものです。ししとう、焼きなす、練り物、お餅、ウインナーソーセージ、ししゃも、この焼き網で焼くとどれも本当においしく焼き上がります。　電化製品って便利でなくてはならないと信じて疑わないところがありますが、こうした日本の職人が作る道具を自分で選んで、大切に長く使っていきたいなと思っています。

47

生活

陶器の湯たんぽは日向ぼっこの温かさ

私はもともと冷え性で寒いのが苦手。夏でもアイスクリームや冷たい飲み物はとらないですし、真夏でも温かい飲み物をいただきます。身体の冷えには気をつけています。

冷え対策の一つに欠かせないのが湯たんぽです。

湯たんぽって冬のものというイメージがありますが、私は年中すぐ出せるところに置いておいて、ちょっと風邪気味だな、と思ったら使います。風邪のひき始めは、身体のどこかが冷えてしまったのかもしれないので、まず身体を温めることが大切。湯たんぽを首の後ろや肩甲骨の間に当てて温めます。これだけで風邪がひどくならないことも多いのです。冬はお布団に入る少し前に湯たんぽを入れておくとホクホクと睡眠環境を整えてくれます。

湯たんぽの魅力は、暖房器具のように肌や喉が乾燥しないこと。デスクの足下、ソファーでくつろぎながら、ベッドの中など、持ち運びが簡単で、温めたい部分に当てられること。そして温かさが優しいところ。

湯たんぽにも種類があって、いろいろ試してみました。

氷嚢にもなるゴム製のもの、トタンや銅など金属製のもの、安価で手軽なプラスチック製のもの、昔ながらの陶器製のもの。それぞれに魅力はありますが、私が行き着いたのが陶器製のもの。陶器の湯たんぽでは高田焼が有名ですが、古代の海藻が土と

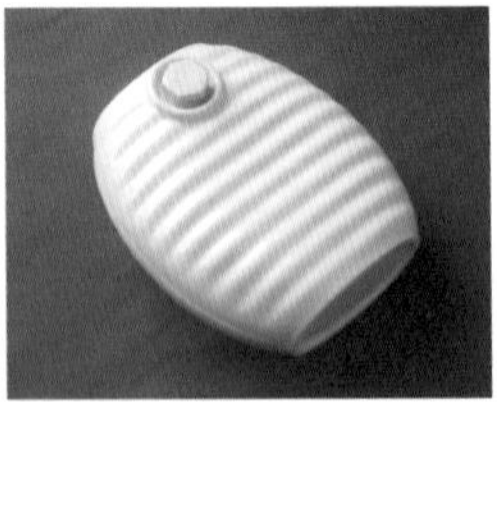

なった珪藻土が使われています。珪藻土は遠赤外線、マイナスイオンを放出するので、表面的に温めるというより、身体の芯からほっこりと日向ぼっこみたいに温めてくれます。

入れた熱湯は温かさを24時間も保ち、残り湯は洗顔、お掃除、洗濯にも使えます。陶器なので、落として割らないように注意が必要ですが、逆に割らなければ一生ものです。とっても環境に優しい生活道具なのです。

48

生活

重曹、クエン酸で家中どこでもナチュラルクリーニング

お掃除用品や洗剤の売場に行くと、○○用ブラシ、○○用洗剤と、ありとあらゆる洗剤や道具が売られていて、いろいろ買いそろえないとお掃除できないのでは……と思わされてしまいます。でも、重曹、クエン酸があれば、家中たいていの場所はきれいになります。どちらも自然由来の成分なので、環境にも優しく、人体にも安全なので、小さなお子さんやペットがいるご家庭でも安心して使えます。

重曹やクエン酸でのナチュラルクリーニングのポイントは、「汚れを中和させ

る」中和作用です。

重曹はアルカリ性なので、酸性の汚れやにおいを中和して落とします。

クエン酸は酸性なので、アルカリ性の汚れやにおいを中和して落とします。

重曹、クエン酸それぞれどんな特徴、性質があって、どんな場所に効果を発揮するのか覚えておきましょう。


私はキッチンに重曹水スプレー、浴室にクエン酸水スプレー、ペットのトイレ横にもクエン酸水スプレーを置いて、すぐに使えるようにしています。

コンロまわりのしつこい汚れ、洗面台の蛇口まわりなどの汚れには、スプレーしてキッチンペーパーで覆い、さらにたっぷりスプレーしてパックします。数時間置いてから拭き取るとピカピカになります。

日頃から重曹、クエン酸で目についたところをササっと拭く習慣をつけると汚れもたまらず、年末大掃除がグッと楽になりますよ。

重曹とクエン酸の性質

重曹は食品添加物や医薬品として古くから利用されてきました。粒子が細かく水に溶けにくい性質を持っています。重曹は弱アルカリ性なので、お料理の時に出る油汚れや皮脂など酸性の汚れを中和させて落とします。台所で大活躍です。靴箱や生ゴミなどの酸性の性質を持っているにおいに消臭効果があります。

また、水に溶けにくいので、優しい研磨剤としても陶器や金属を磨くのに適しています。ただし、アルミや銅などの柔らかい金属には細かい傷がついてしまうので注意が必要です。

クエン酸は、柑橘類や梅干しなどに多く含まれる酸味成分です。水に溶けやすく、無味無臭です。酸性なので、カルシウムを溶かしたり、アルカリ性の汚れを中和して落とします。また、細菌の増殖を抑える殺菌効果があります。トイレの黄ばみや尿石、アンモニア臭、水道水のカルシウム、ミネラル成分が固まった水垢などを落とします。ただし、大理石、鉄、セメントに使用すると錆びたり、傷めてしまったりするので注意が必要です。

また、塩素系漂白剤と混ぜると有害ガスが発生するので併用は避けましょう。

油や皮脂は重曹、カルシウム系の水垢はクエン酸。そして、生ゴミ臭は酸性の性質なので重曹、トイレのアンモニア臭はアルカリ性の性質なのでクエン酸と覚えておきましょう。

重曹で掃除できる場所

キッチンのコンロまわり、五徳（油汚れ）
鍋やフライパン（焦げ）
魚焼きグリル（油汚れ、消臭）
電子レンジの内側（油汚れ、焦げ）
お風呂の浴槽（皮脂汚れ、湯垢）

窓ガラス（油汚れ、手垢）
冷蔵庫、下駄箱（消臭）
換気扇（油汚れ）
フローリング床（皮脂汚れ、油汚れ）
カーペット（消臭、皮脂汚れ）

重曹スプレーの作り方

重曹は水に溶けにくいので、水に混ぜると粒子が溶けずスプレーノズルに詰まってしまいます。お湯で溶かしましょう。

40℃くらいのお湯…200㎖
重曹…大さじ1
スプレーボトルに入れて、重曹をよく溶かしましょう。

重曹の粉のまま使う

消臭、静菌、研磨効果があるので、例えば、冷蔵庫や下駄箱の中に蓋を開けた状態で容器に重曹を入れて置いておく、排水口や三角コーナーなどのにおいの元に重曹を振りかけると消臭、静菌作用が働き効果的です。

カーペットなどの消臭には、粉末のままカーペット全体に撒き、数時間後に念入りに掃除機をかけます。粉末の重曹は汚れを落とし、消臭する働きがあります。また、湯呑みの茶渋、鍋の焦げつきにも直接、振りかけてスポンジなどでこすると、汚れがよく落ちます。

重曹ペースト

換気扇などのガンコな油汚れ、長い間放置された汚れには、2：1の割合で重曹に水を混ぜてペースト状にして塗り込みます。

クエン酸で掃除できる場所

クッションやカーテン（タバコのにおい、魚のにおい）
ペットのトイレ周辺の拭き掃除（アンモニア臭、除菌）
キッチンのシンク（水垢）
浴室のシャワーヘッド、鏡、椅子（石けんカス、水垢）
トイレの便器、便座、壁、床（消臭、除菌）
電気ポットの内側（白い水垢）

クエン酸水スプレーの作り方

水…200㎖
クエン酸…小さじ1
スプレーボトルに入れて、よく溶かしましょう。

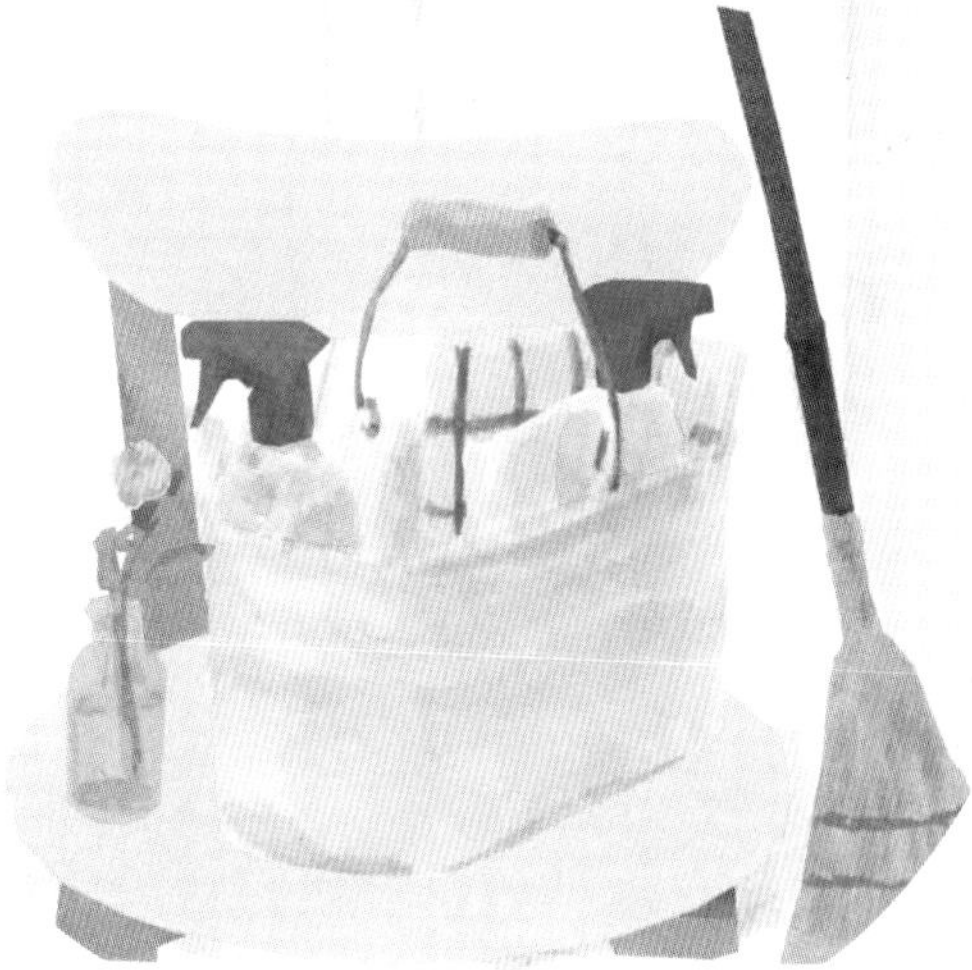

49

生活

雑巾がけは瞑想と筋トレを兼ねた日本式のお掃除

基本、家で仕事をしている私は、おうち大好きなので運動不足になりがちです。ジムに通って筋トレしてみたこともありますが、がっつりとトレーナーがつけば別ですが、自主トレだと長続きしません。続けられるのは、ゆるいヨガやストレッチくらい。でも、ある時、部屋中を真剣に無心になって雑巾がけをしていたら、次の日に身体のあちこちが筋肉痛になったのです。まるでジムで筋トレした次の日みたいに、です。それで日本式のお掃除は筋トレと瞑想を兼ねているかも！と気づいたのです。お掃除は好きなので、お掃除ついでの筋トレならできます。

でも、掃除機をかけて、フロアワイパーで終わりというお掃除では筋トレ代わ

りにはなりません。日本ほど便利な掃除道具や洗剤の種類の多い国はありません
が、一番いいのはシンプルに床の雑巾がけと窓拭きです。いろいろある掃除の中
で、この二つは全身運動なのです。

雑巾がけは四つ這いになり、腕を伸ばし、左右の手を交代しながら床を押すように雑巾をかけます。手足でしっかり身体を支えて踏み出します。四つ這いの姿勢になるだけでも、足首、股関節が柔らかくなり体幹も鍛えられます。股関節が硬い人は、この四つ這いになることが辛いといいます。また、この体勢は内臓を支えようとするため腹筋や背筋も鍛えられ、腰痛予防にもなるそうです。お尻から太もも、ふくらはぎまでバランスよく筋力アップになり、腕をしっかり動かすことで二の腕の運動にもなります。

窓拭きも高いところから低いところを拭くことで、スクワットと同じような筋トレができます。少し背伸びをして、腕をしっかり伸ばしながら拭くと二の腕、

背筋、脇腹を鍛えられます。
お部屋をきれいにしながら、心と身体を整え、腰痛予防にもなるのですから、
筋トレにジムに行くつもりでお掃除しましょう。

50

生活

菖蒲、桃、菊、柚子
季節のお風呂の楽しみ方

実家には柚子の木があって、毎年たくさん実がなるので、冬は贅沢にも毎日のように柚子風呂に入ります。寝る前にたっぷりの温かい湯船に浸かって疲れを取り、お布団に入る……なんて、疑問さえ思い浮かばないほど当たり前のことだと思っていましたが、海外に出ると、湯船そのものが夢の存在です。こんなに毎日お湯に浸かる人種は世界中探してもあまりいないと思います。だから、私の帰国の楽しみは「お風呂」です。日本には柚子風呂のように、季節ごとに生じる身体の疲れを取ったり、子どもの成長や無病息災を祈ったりする入浴法があります。それぞれの意味合いを知って、季節のお風呂を味わいましょう。

春の菖蒲湯

五月五日のこどもの日が近づくと、スーパーでも菖蒲湯用の菖蒲が売られ始めます。菖蒲は邪気を払う薬草と言われ、無病息災、菖蒲＝勝負・尚武とかけて、江戸時代から特に武家の男児の成長を祈る習慣として始まりました。

〈菖蒲湯の入り方〉 輪ゴムでまとめて、長いまま湯船に浮かべてもＯＫ。または適度な長さに切って、洗濯ネットに入れて浮かべてもよいでしょう。

夏の桃湯

夏の土用の頃に入るお風呂として、江戸時代から親しまれてきたのが桃湯。桃には魔除けの力があると言われ、また消炎、解熱成分もあることから夏の日焼け、あせも、湿疹など肌トラブルにも効果があると言われています。

〈桃湯の入り方〉 桃の葉30枚くらいをだし袋などに入れて、20分ほど煮出します。煮汁ごと、湯船に入れます。

秋の菊湯

九月九日は菊の節句、重陽の節句です。菊は厄払い、長寿の効能があると信じられてきました。この日は、お酒に菊の花を浮かべたり菊茶を飲んだりもします。

〈菊湯の入り方〉 菊の花を乾燥させたもの、または生の花びらや葉を摘んで、だし袋などに入れ、熱湯を入れ20分ほど蒸らし、それを湯船に入れます。

冬の柚子湯

江戸時代からある風習で、1年の中でもっとも夜が長く、昼が短い冬至に柚子湯に入ると「1年中風邪をひかない」と言われています。冬至を「湯治」にかけ、柚子は抗菌、消炎、血行促進効果と肌をしっとりさせる美肌効果があります。

〈柚子湯の入り方〉 2、3個の柚子を半分に切り、洗濯ネットに入れて湯船に浮かべます。

51

生活

ハンコで気軽に思いつくまま季節の一句

ここ最近、俳句の入門書の出版も増え、じわりと俳句が人気となっています。米、中国、インド、ロシア、南米など、海外でも「HAIKU」という名称で、愛好家が増えていると言います。とはいえ、まだまだ俳句は年配の人の趣味、というイメージが強いかもしれません。

閑《しずか》さや　岩にしみ入る　蝉の声　（松尾芭蕉）

目には青葉　山ほととぎす　初鰹　（山口素堂）

俳句は五・七・五の十七音で表現される「世界最短の詩」です。たった十七音で、目の前に広がる情景、詠む人の心模様、時には音や香りまで感じられます。

平安、室町時代には、複数の人で交互に歌を詠んでいく連歌、その連歌から派生し、俗語などを盛り込んで庶民性を高めた俳諧がありました。そして、江戸時代、松尾芭蕉が俳諧の芸術性を高め、基礎を作り、大正時代に正岡子規が「俳句」を確立させたのだそうです。

俳句、短歌、川柳の違い

俳句は五・七・五の十七音の中に季語を入れたものですが、短歌は五・七・五・七・七の三十一文字です。ただし、俳句のように季語が入らなくもよいとされています。万葉集にたくさんの作品が残っているので、短歌の歴史が古いことがわかります。

川柳は俳句同様、五・七・五の十七音で季語は入らなくてもよく、話し言葉、口語で作られます。

俳句は季語が入るため自然や季節の情景を詠んだもの、短歌は家族や恋人への想いを詠んだもの、川柳は言葉遊び、風刺の要素も含まれるなど、それぞれ題材も違います。

気軽に作ってみよう

俳句の基本ルールはとてもシンプル

・五・七・五の十七音
・一句に一つ季語を入れる

字余り、字足らずにならないように気をつけながら、最初は細かいルールを気にせず、作ってみましょう。「や」「けり」「かな」などの「切れ字」を使うと、句に余韻や間を生み出します。五・七・五のリズムを楽しみましょう。

まずは、俳句にしたい瞬間を意識するところから

例えば、初詣に出かけるために着物を着た時、涼しく冷えたコンビニから出て灼熱の太陽の光を浴びた時、紅葉が赤くなってきたのを見た時、降り続く雨に紫陽花が打たれているのを見た時、大好きなカフェで本を読む時、カメラ越しに映る母親の笑顔など、少し意識するだけで、俳句が浮かぶチャンスがあります。

私は昼間、出かけていて、ふと思いついたら、携帯のメモ帳にサラッとメモして、夜、原稿用紙スタンプをノートに押して、俳句を書いてみます。おすすめは、

思いつくままに俳句を詠んでみる。そして、同じ内容で別の言葉でもう一度、詠んでみる。何度か考えているうちに、さらによいものになっていきます。

また、たくさんの方の俳句を読むと、情景の切り取り方、言葉の使い方、比喩の仕方など、少しずつわかってきます。

俳句の楽しいところは余韻

多くを説明しなくても、たった十七音から見える情景、言葉の音が残す余韻を自分なりに作ることに魅力を感じます。感性を磨くよい訓練になると思います。

52

食

おにぎり、おむすび、にぎりめし 進化する日本のソウルフード

和食にはおいしいものがたくさんありますが、日本人のソウルフードっておにぎりじゃないでしょうか。手軽なフィンガーフードだけど、とりあえず、がんばりたい時、肚に気合を入れたい時におにぎりを食べたくなりませんか？　海外にいても、旅先でも、おにぎり1個あれば元気出るみたいなこと、よくあります。また、それぞれの家のおにぎりがあって、甘い卵焼きとしょっぱい卵焼きみたいに、お母さんのおむすびを思い出したりもしますね。

おにぎり、おむすび、にぎりめし……といろいろな呼び名がありますが、広辞

苑で調べると、ほぼ同じ意味とされています。東日本では「おにぎり」、西日本では「おむすび」という説もありますが、私は西日本出身でも、おにぎりと呼んでいます。

俵型をおにぎり、三角形をおむすびと呼ぶ地域もあるとか。

さまざまな説がある中で私が一番好きなのは、日本人は古来自然の中に神々が存在すると信じ、特に山々の神様に祈り、神様とつながるようご飯を山の形の三角形にして神様と心を「結ぶ」ようになったという説です。

進化するおにぎり

ここ数年、にぎらない「おにぎらず」が流行っています。また沖縄から生まれたスパムおにぎりも定番になりました。スパムのしょっぱさがお米と海苔とよく合います。うちでは卵焼きを一緒に挟んだりします。

海外では、お寿司はザ・日本を代表する人気の食べ物ですが、黒い海苔が不人気でなかなか定着しなかったおにぎりも、やっと市民権を得つつあり、カリフォルニアにもおにぎり専門店がオープンしています。ちなみに、ここでは「おにぎり」と呼び、三角形です。メニューの具は、梅やツナなどはもちろん、れんこん、納豆、照り焼きチキン、スパイシーツナ、そぼろ、スパイシーベーコンなどオリジナリティあふれるメニューです。おにぎりもお寿司のように世界で愛されるようになる日も近いかもしれません。

53

食

TOFU、SUSHI 誇りを持とう日本の和食

今ではお料理の一つのジャンルとして世界中の人々に認知され、アメリカでは「SUSHI」も「TOFU」も英語の単語として理解されるようになりました。お寿司を食べたことがないと答える人にほとんど会うことがないほど。でも、それも一朝一夕でそうなったわけではありません。

豆腐がアメリカで普通に売れるようになるのに10年はかかったという豆腐営業マンの話は有名です。豆腐といえば、冷や奴、味噌汁、揚げ出し豆腐、麻婆豆腐と浮かびますが、当初はどれもまったく受けつけられなかったそうです。そして、

たまたま豆腐を買いにきたアメリカ人女性に何に使うのか聞いたところ「スムージー」と答えたそうです。その答えがヒントとなり、発想の転換をして、アメリカ人に合ったメニュー開発をして、次第に受け入れられていったそうです。

現在ではビーガンやベジタリアンの人たちには貴重なたんぱく源として絶大な人気ですし、ローカルなスーパーで普通にＴＯＦＵが売られているのを見ると、この豆腐営業マンの話を思い出します。

また、日本の寿司とアメリカのＳＵＳＨＩはずいぶん違います。

アメリカには日本にないメニューがたくさんあります。そして、ロール（巻物）が多く、外側が寿司飯、内側に海苔が巻かれています。

クラブサラダ、アボカド、きゅうりの入ったカリフォルニアロール。まぐろのたたいたものをスパイシーソースで和えたスパイシーロールはスーパーでも売っている定番です。

えびの天ぷら、かにサラダ、アボカド、きゅうりなどが中に入り、うなぎをトッピングしたドラゴンロール。

サーモン、アボカド、チーズの組み合わせのフィラデルフィアロール。

ソフトシェルの天ぷらとかにの天ぷらの組み合わせのスパイダーロール。見た目もなかなかワイルドなロールです。

まぐろ、サーモン、えび、かに、アボカドをスライスしたものを順番にのせたものがレインボーロール。食べる場所によって味が変わるのでレインボーと名づけられたようです。

こうしたメニューを見るとお寿司というより創作料理の域ですが、こんなふうに「郷に入っては郷に従え」で和食は世界に広がっていったのです。

和食が世界遺産に登録されましたが、海外のそれぞれの土地の人たちに受け入れられるよう地道に努力をしてきた人たちがいてこそ、と私は大尊敬しています。

54

心

お盆の意味とご先祖様の迎え方、送り方

お盆といえば、夏の暑さ、セミの声、蚊帳が張られた寝床、お墓参り、お線香の香り、賑やかな食卓。家族そろって祖母の家に行った子どもの頃の記憶がよみがえります。

お盆の正式名は「盂蘭盆会《うらぼんえ》」。亡くなったご先祖様が家に帰ってくる日で、地域によっては7月に行うところもありますが、8月13日が盆の入り・迎え盆、四日間をともに過ごして、16日に送り出します。

地域や宗派によって慣習が違いますが、私の実家でもお盆の時にやるべき慣習がありますなかなかきちんとできないですが、それを知ることでまた次の世代

に伝えていけたらと思います。

盂蘭盆会の基本的な準備と過ごし方

13日の盆の入りまでに、仏壇やお墓のお掃除、お供え物などの買い出し、盆棚、精霊馬、迎え火・送り火などの準備、ご先祖様をお迎えする準備をしましょう。

盆棚

普通の仏壇でもOKですが、盆棚（精霊棚ともいう）は、お位牌や香炉、お供え物を飾る棚です。四隅に笹竹を立てて結界を作り、縄を張り、ほおづきやそうめんなどを吊るします。ほおづきは提灯の形に似ていることから目印に、そうめんはご先祖様があちらの世界に戻るときに荷物を結ぶ紐になるように、という意味があるそうです。

精霊馬

きゅうりとなすに割り箸などを刺して作る飾りで、きゅうりは馬、なすは牛を表します。馬はご先祖様が早く帰ってこられるよう、牛はゆっくりあちらへ戻っていけるように、という願いを込めています。

迎え火、送り火

迎え火はご先祖様が家を間違わないように13日の夕方に目印として焚きます。16日の夕方に焚く送り火は、迷わず帰れるようにという意味を込めています。軒先や盆棚にともす提灯も迎え火、送り火と同じ役割を果たしています。

14、15日には、ご先祖様が家にいる期間なのでお供え物をして供養します。この時期に夏の盆踊りや灯籠流し、精霊流しなどが催されますが、これらもご先祖様の霊を送り出す行事です。

55

心

家の場所に合わせた気の整え方

どんな場所にも、その場所の役割やエネルギーというものがあると思うのです。その場所に行くだけで元気になったり、お店に入ったとたん、どよーんとしてしまったりすることがあります。

気の流れを整えるという風水の考え方は、とても的を射ていると思いますが、風水を勉強していなくても昔の人はそういう知恵を持っていました。

家の中でも同じで、その場所その場所に役割があり異なるエネルギーを持っています。それを暮らしている私たちが、お掃除しながら整えることができるのです。

私たちは家にいる時間でエネルギーを蓄えていると思うのです。なんとなく家にいても落ち着かない、疲れが取れない、眠れない。そんな時はおうちの中をチェックするタイミングだと思います。

玄関はすべての運気の出入口

玄関は顔だと、よく言われます。よい気も悪い気も出入りするので、家族全員の運気にかかわってくる場所です。そういう場所はとにかくマメにお掃除をすること。外と内を分ける結界線として玄関マットを置くとよいそうです。私はアロマを置いたり、生花を飾ったりして自然のエネルギーを取り入れています。また盛り塩を置いて、邪気を払うようにしています。

キッチンのにおいはNG

女性にとってキッチンは長く過ごす場所なので、女性の身体に影響すると言われています。水まわりは汚れやすい場所ですが、とにかく生ゴミなどのにおいが出ると、家中にマイナスエネルギーが充満してしまうので気をつけましょう。

トイレは健康のバロメーター

玄関で靴を脱ぎスリッパに履き替え、さらにトイレでスリッパを脱ぎトイレ用スリッパに履き替えるのは、多くの外国人が驚くポイントです。日本人は古くからトイレを不浄の場として他の部屋と分けて考えてきました。不浄の場をきれいに保つことで健康運を整えるという考えがあるのです。おそらく日本は世界一、トイレがきれいな国だと思います。健康運が整い、元気になれば仕事運も人間関係もよくなる。トイレ掃除は欠かさないという成功者が多いのも有名な話です。

リビングは心の充電をする場所

リビングは家族で集まる場所。自然と集まりたくなるような温かい雰囲気にしたいですね。空気が滞らないよう換気に気をつけ、観葉植物などの自然のエネルギーに助けてもらいましょう。

寝室は休む場所

1日の疲れを取り、次の日へのエネルギーを補うのが睡眠。昔から北枕は縁起が悪いと言われますが、風水では北枕は頭寒足熱、地球の磁気の流れに沿っており、安眠できると考えられています。また、照明は暖色系にしましょう。

56

心

春のお彼岸、秋のお彼岸
ご先祖様とつながる日

「暑さ寒さも彼岸まで」と言われるように、お彼岸は季節の変わり目。お彼岸になるとお墓参りに行きますが、なぜお墓参りをするのか理由がわかっていない方も多いかもしれません。一般に、彼岸と言うと春のお彼岸のことを言い、秋の彼岸は「秋彼岸」と呼びます。

お彼岸は年に2回あり、春の彼岸は春分の日を中日に前後3日を合わせた7日間、秋のお彼岸は秋分の日を中日に前後3日を合わせた7日間を言います。「彼岸」とは「向こう岸」、つまり極楽浄土を意味します。仏教では極楽浄土は西にあると考えられ、春分も秋分の日も真東から太陽がのぼり、真西に沈むことから極楽浄土にもっとも通じやすいと、先祖供養をするようになりました。仏教思想と日本独特の先祖供養の考え方が結びつき生まれた風習と言われています。

お彼岸の風習は地域によって違いますが、お彼岸の初日を「彼岸入り」、最終日を「彼岸明け」と言います。彼岸入りには仏壇や仏具をきれいに掃除をして清め、季節の花やお供え物をして、期間中は朝晩ろうそくを灯し、お線香をあげるようにします。

お供え物は故人の好きだったものやぼたもちやおはぎ、お彼岸用の落雁などをお供えします。期間中、お墓参りをして、普段なかなかお手入れできないお墓のお掃除も念入りにしましょう。

お彼岸は、ご先祖様からいただいた命に感謝する期間。核家族化が進み、つい忘れてしまいがちな連綿と続くご先祖様からのつながりをお彼岸は思い出させてくれます。

57

心

ぼたもちとおはぎ 1年に4つの名前があるお菓子

あんこ好きな私は、小さい頃からお彼岸のぼたもちが毎年楽しみでした。

昔から小豆の赤い色には魔除けの効果があり、邪気を払い、厄除けになると、お祝いの席や季節の行事で食べられてきました。また、お砂糖はとても貴重なものであったことから、お彼岸には、ご先祖様への感謝の気持ちを込めて、ぼたもちやおはぎをお供えします。

ぼたもちとおはぎは違うものと思われがちですが、この二つは基本、同じものです。ぼたもちは漢字で書くと「牡丹餅」、おはぎは「お萩」と書きます。それぞれ春に咲く牡丹、秋に咲く萩に見立てたと言われ、春はぼたもち、秋はおはぎと呼びます。

また、春に小豆の種をまき、秋に収穫するので、秋の彼岸には、小豆はまだ収穫したばかりで皮まで柔らかいため、粒あんでおはぎに。春まで寝かした小豆は皮が硬くなってしまうためこしあんでぼたもちに。うるち米で作ったものがおはぎ、餅米で作ったものがぼたもち、など諸説さまざまあります。

また、このぼたもち、おはぎには夏の名前と冬の名前と、四季それぞれの名前があるのです。

ぼたもちは杵でお餅をつかずに、すりこぎでつぶすため、お餅つきの音が聞こえない「つき知らず」→「着き知らず」。夜は暗くて船が着いているかいないかわからないことから、夏は「夜船」となったそう。また、冬は「つき知らず」→「月知らず」となり、北の窓からは月があるかないかわからないことから「北窓」となったそうです。言葉遊びではありますが、四季折々の風景が目に浮かぶようで、とても素敵なネーミングです。

58

生活

季節のサイクルを意識する本当の土用の過ごし方

土用と聞くとまず思い出すのは「土用の丑の日」ですね。暑さが厳しい時期、夏バテしないように、この日にうなぎを食べる方も多いと思います。

この土用、夏土用だけではなく、立春、立夏、立秋、立冬の前18日間、年に4回もあることをご存じですか？　いずれも季節の変わり目です。

その昔、まだ医療も発達していなかった頃は、土用期間に体調を崩して亡くなってしまう人も少なくなかったそうです。なので、土用の期間は土を休める期間、人間もたまった疲れを取るために身体を休め、次の季節を迎えるために体調を整える期間と考えられていました。現代でも季節の変わり目に体調を崩す方、多いですよね。

季節の変わり目は、エネルギーも変わるので不安定な時期でもあります。気学的には土のエネルギーが強まり、私たちの体内のエネルギーを奪ってしまい、体内の機能が低下すると言われています。

では、土用は本来、どのように過ごせばよいのでしょうか。私が気をつけているのは、「新しいこと」と「土に関すること」は控えるようにしています。

例えば、

・普段やらないような庭いじりをしない
・旅行は控える
・新しいことを始めない
・大きな買い物をしない
・引っ越しをしない

つまり、不安定な時期に大きなエネルギーを使うことをしない、大きな決断をしないということです。

逆に、この時期には、いろいろなことを振り返り、次に備えて準備する時期だと思っています。

・身体のメンテナンスをする
・しっかり栄養と睡眠をとる
・今やっていることを見直す
・次のステップアップの準備をする

無理せず、心も身体もよい状態を保つために季節のサイクルを意識するという先人たちの知恵なのです。

余談ですが、江戸時代、夏にこってりしたうなぎは売れませんでした。そこで鰻屋が蘭学者の平賀源内にどうしたら夏でもうなぎが売れるようになるか相談したところ、平賀源内のアイデアで「本日、土用丑の日」という看板を店先に出し、すぐに町中話題となり、土用の丑の日は、〈う〉のつくものを食べると縁起がよい、夏に精のつく食べ物、うなぎを食べると暑い夏も乗り越えられる、といっきに大繁盛となったのでした。いつしか、この土用の丑の日が風習となったわけです。平賀源内のコピーで風習にまでなった「土用のうなぎ」。今もその宣伝効果が続いていることに驚き、平賀源内は私が尊敬する江戸時代の人物のひとりです。

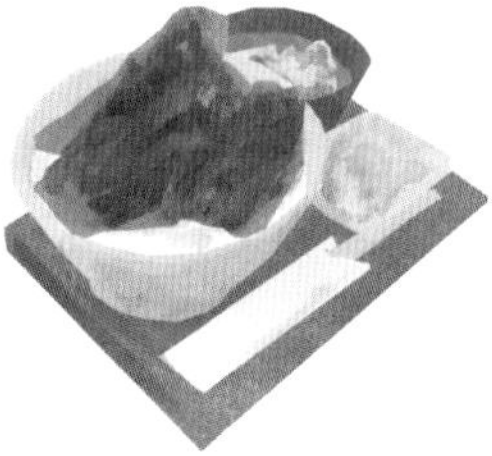

59

生活

能楽・歌舞伎・文楽は世界に誇る古典芸能です

ずいぶん前になりますが、狂言の野村萬斎さんと歌舞伎の松本幸四郎さんが同じ舞台で、それぞれ狂言と歌舞伎で同じ舞踊「三番叟《さんばそう》」を競演されたのを観ました。同じ演目なのに、狂言と歌舞伎でこんなに表現が違うのかと驚いて、とても印象深かったです。

能楽・歌舞伎・文楽は、どれも世界無形文化遺産に登録された「古典芸能」です。この3つはひとくくりにされがちですが、それぞれ成り立ちも背景が違います。なんとなく難しく感じる古典芸能ですが、特徴や違い、またそれぞれのつながりがわかってくると興味を持っていただけると思います。

能・狂言は世界最古のミュージカル

中国から伝わった芸能が平安時代「猿楽」と呼ばれるようになり、室町時代に観阿弥・世阿弥は足利義満に認められ、武家の後ろ盾を得るようになります。中でも豊臣秀吉は自らも舞い、能を保護し、愛したことで有名です。江戸時代には、徳川幕府に認められ、武家の「式楽」として守られていきます。能と狂言を合わせて能楽と呼ぶようになったのは明治以降と言われています。

能はシリアスな物語が多く、狂言は古典喜劇、いわゆるコメディです。

能の演目は室町時代に人気のあった「平家物語」「今昔物語」などが題材となっています。現在、演じられている演目は約250、ほとんどが室町時代後期にできたものだそうです。

狂言の演目は、庶民の日常や能のパロディなど、登場人物も無名の人々です。

舞台には舞台装置や大がかりな仕掛けや道具がなく、6m四方の板張りには老松が描かれ、橋渡りと呼ばれる渡り廊下というシンプルな舞台構成です。芝居、舞踊、謡と囃子の音楽で構成される、世界最古のミュージカルとも言われています。

面を使うのも大きな特徴です。

歌舞伎は庶民の一大エンターテイメント

歌舞伎は江戸時代初期に出雲の阿国が京都に現れて踊った「かぶき踊り」が発祥と言われています。そもそも歌舞伎の語源は、世の中に反発した奇抜な振る舞いを意味する「傾《かぶ》く」という言葉です。その派手な衣装と踊りで当時の人々を熱狂させました。かぶき踊りが人気になると、女性ばかりが踊る「女歌舞伎」が流行りましたが、風紀が乱れると幕府から禁止されました。女性がダメならと、今度は若い少年たちによって演じられた「若衆歌舞伎」が流行。これも同じ理由で幕府から取り締まりを受けます。

その後、現在の歌舞伎に近い成人した男性だけが演じる「野郎歌舞伎」が始まり、男性が女性に扮する女形が登場します。歌舞伎は江戸時代中期に、江戸の初代市川團十郎、上方の初代坂田藤十郎によって大成されます。

歌舞伎は一般庶民のための娯楽、大衆演劇として商業性の強いエンターテイメントでした。歌舞伎は文字どおり「歌（音楽）」「舞（舞踊）」「技（芝居）」から構成されています。能楽と違うのは、音楽に三味線が入るところ。また、隈取などの化粧、華やかな衣裳、花道や回り舞台などの舞台装置や仕掛けなど、歌舞伎ならではの特徴があります。

演目は「時代物」「世話物」「舞踊劇（所作事）」「新歌舞伎」というジャンルに

分かれます。

時代物は、江戸時代の人々から見ての時代劇、つまり平安、鎌倉、室町時代など古い時代が舞台となります。世話物は、江戸時代の人々にとっての現代劇。当時起きた心中事件、殺人事件などをいち早く芝居にして、テレビのワイドショーのような役割を果たしました。

舞踊劇は、ストーリーのある踊りです。そして、新歌舞伎は明治以降に小説家、劇作家、翻訳家などが歌舞伎の演目を執筆した演目です。

文楽は人間が操り、人形が演じる人形劇

文楽も江戸時代に人形浄瑠璃の流れを受け継ぎ、大阪を中心に大成した古典芸能です。竹本義太夫が始めた「浄瑠璃」（ストーリーやセリフを三味線の伴奏で語る音楽）と人形劇が合わさって生まれ、1体の人形を3人の人形遣いが操り、

太夫と三味線がストーリーを語ります。

外国にも伝統的な人形劇はありますが、文楽は堂々と人形遣いが舞台に登場し、さらに人間の繊細な心の機微をリアルに描いているところが大きな違いです。

能楽、歌舞伎、文楽の同じ演目

明治以降、武家の芸能というくくりがなくなったので、能や狂言の演目を歌舞伎化した演目が増えます。「松羽目物《まつばめもの》」と呼ばれる演目は、能、狂言の雰囲気を残して背景に老松が描かれています。
能から歌舞伎への代表的な演目は、
能「安宅《あたか》」→歌舞伎「勧進帳」
能「道成寺」→歌舞伎「京鹿子娘道成寺《きょうがのこむすめどうじょうじ》」
能「安達ヶ原」→歌舞伎「黒塚」

同名で「土蜘蛛」「船弁慶」「紅葉狩」「隅田川」「茨木」などがあります。

狂言からもあります。
狂言「花子《はなご》」→歌舞伎「身替座禅《みがわりざぜん》」
狂言「釣針」→歌舞伎「釣り女」
同名で「棒しばり」「太刀盗人《たちぬすびと》」など。

いずれも歌舞伎は能・狂言より衣裳、舞台装置、仕掛けなどが華やかで、長唄やお囃子も入って賑やかになります。
また、文楽と歌舞伎は同じ江戸時代に確立した古典芸能なので、さらに密接な関係があります。
歌舞伎の三大名作といえば、「仮名手本忠臣蔵」「義経千本桜」「菅原伝授手習《すがわらでんじゅてならい》鑑《かがみ》」です。

文楽でも、この三作品は三代名作です。

そもそも歌舞伎の演目の中で「義太夫狂言」と呼ばれる演目は、文楽のために書かれた作品で、文楽で評判になった演目を歌舞伎化して上演されたものなのです。同じ演目で、文楽は人形が、歌舞伎は生身の人間が演じます。

それぞれの古典芸能が何百年という月日を経てなお、現代の私たちも楽しめるよう受け継がれているのです。どれか一つの古典芸能をじっくり観るのもよし、一つの演目をそれぞれ観て違いを楽しむのも面白いかもしれません。日本人ならぜひ一生に一度は、古典芸能の舞台に足を運んでみてください。

60

生活

歌舞伎は「かべす」から楽しみましょう

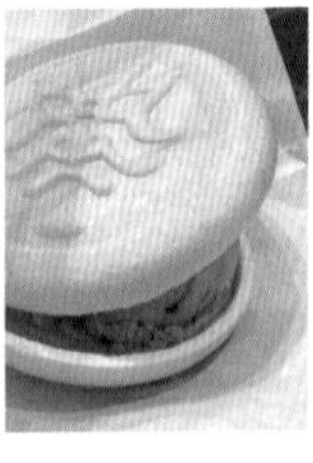

私はある年のお正月に「今年は歌舞伎を観よう」と決めて行き始めたのですが、最初は何を気をつけて、どう予習して行けばいいのかわからず、劇場に入る時、とても緊張したことを覚えています。お芝居の筋書きがわかっていないといけない、何か特別なルールがあるのかもしれないと、とても難しく考えていました。でも多少、歌舞伎独特な決まり事はあるものの、実は江戸時代から続く芝居見物は、現代の一般的な演劇公演より自由で楽しいものなのです。

歌舞伎には「かべす」という言葉があります。

「か」は菓子、「べ」は弁当、「す」は寿司です。この「かべす」が芝居見物には欠かせないアイテムという意味です。

一般の演劇公演では、客席での飲食は禁止されていますが、歌舞伎は客席でお弁当やお菓子を食べられます。劇場の売店は、さまざまなお菓子やお弁当が売られています。歌舞伎は昼の部が11時から3時半まで、夜の部が4時半から8時半くらいまで、どちらかを観劇するとしても4時間近く、とても長いのです。だから、お芝居に食事とおやつとお土産もセットで楽しむのが歌舞伎なのです。

現代でもおなじみ「幕の内弁当」や「助六寿司」は歌舞伎由来で、その名がつけられました。幕の内とは芝居と芝居の間(幕間《まくあい》)に食べるから、幕の内です。「助六寿司」は、「助六由縁江戸桜《すけろくゆかりのえどざくら》」の主役の助六、その相手役の花魁の名前が揚巻です。「揚」は油揚げを使うおいなりさん、「巻」は巻き寿司に見立てて助六寿司です。お芝居だけでなく、お弁当は何食べよう、劇場のあの甘味は絶対見逃せない、お土産はあれにしよう。ワクワク楽しいことが盛り沢山。幕間は大忙しです。それが歌舞伎の欠かせない楽しみ方なのです。

61

生活

お花見、お祭り、待ち合わせ ドラマは寺社境内から始まります

歌舞伎の舞台には、現在も実在する神社仏閣がたくさん登場します。「夏祭《なつまつり》浪花鑑《なにわかがみ》」には大阪の住吉神社、「め組の喧嘩」には芝明神、その他にも赤坂日枝神社、浅草寺、巣鴨の吉祥院、深川八幡、鎌倉の鶴岡八幡宮、京都の北野天神社、清水寺、伏見稲荷、生玉神社、慈眼寺などなど、江戸時代の人と同じ空間を共有できていることに私はワクワクします。歌舞伎の中の寺社境内には茶屋があって、待ち合わせをしたり、お茶をしたり、参詣する人々で賑わいます。そして、たいていここで出会いがあり、別れがあり、喧嘩があり、心中があり、殺人事件が起こります。そう、ドラマは神社仏閣から始まるのです。

江戸時代の娯楽に物見遊山、寺社参詣、芝居見物がありました。身分問わず、神社仏閣を参詣し、お花見をしたり、お祭りでは神社周辺に見世物小屋や出店がたくさん並びました。神社仏閣は神聖な場所であると同時に、レジャースポットでもあったのです。

現在でもお花見の名所は寺社境内やその周辺が多いように思いませんか？お花見は平安時代から続く、日本人の娯楽です。一般庶民に広まったのは江戸時代。現在と変わらず、お酒、肴、お弁当と前の晩から準備してみんなで出かけ、飲めや歌えやの大宴会だったようです。梅、桜、つつじ、藤、紅葉、お花見に限らず、春は春山遊び、山菜採り、夏は蛍狩りや船遊び、秋は紅葉狩りやお月見、冬は雪見、日本人は季節を愛でることを楽しみとしてきました。

歌舞伎の中でも、お花見ができたり、お月見ができたり、そんな場面とたくさん出会えて、そんな感性を思い出させてくれるのです。

62

生活

お茶会に呼ばれたら何もつけないシンプルが一番です

海外でもお茶会にお招きいただく機会はあって、貴重な機会に感謝しつつ、お茶会ならではの着物のコーディネートを考えることを楽しんでいます。が、和室で過ごす機会が減ると、お茶会は緊張します。他の方に不快な思いをさせたくないですし、恥ずかしい思いもしたくないもの。そんな時、最低限忘れてはいけないルールを思い返すようにしています。

お茶席には懐石の食事を伴い、濃茶、薄茶でもてなす正式な茶会「お茶事」と、一度に大勢の方をお招きする「大寄せ」という茶会があります。茶道にあまりなじみのない方は、大寄せから参加すると、場の雰囲気に慣れるのによい機会だと思います。

お茶会に参加するときの装い

着物で参加する場合

大寄せの場合、付下げや訪問着、色無地、無地場の多い飛び柄の小紋や江戸小紋などが好ましいと思います。小紋などには名古屋帯を合わせますが、箔などが入った少し格のあるものを選ぶとバランスがよくなります。また、お茶会の場合は、季節の基本ルールに合わせて選びましょう。

洋服で参加する場合

カジュアルすぎるもの、あまり露出の多い洋服は避けましょう。夏などノースリーブを着る時も羽織りものを持って行きましょう。お道具を拝見する時には前かがみになるので、胸元は詰まったお洋服のほうが安心です。正座をしますので、スカート丈は膝の出ない長めにしましょう。

指輪、時計などのアクセサリーは、茶室に入る前に外しましょう

大切な茶道具を傷つけないように心配りを忘れずに。着物の場合も帯留めなどの装飾品を外しましょう。

香水などは控えましょう

お抹茶やお香の香りを妨げてしまうので、香水をつけていかないようにしましょう。

髪は清潔にまとめましょう

お茶会では正座をして、身体を前かがみにしてお茶碗を拝見したり、和菓子を取ったりするので、長い髪は前に垂れてしまいます。なるべく、髪はまとめて清潔感のあるヘアスタイルにしましょう。帽子も茶席ではマナー違反です。

生足／ストッキングはNGです

洋服でも和服でも、招かれたお宅に裸足で上がるのは失礼です。洋服の場合は白い靴下を、和服の場合は白足袋を必ず履きましょう。靴は脱ぎますので、脱ぎ履きに時間のかかる紐靴は避けたほうがよいと思います。

63

生活

ふすまを3回に分けて開けるのはノック代わりの心遣いです

すっかり洋室での暮らしが当たり前になると、和室に通された時のマナーに戸惑いますね。洋室ならドアを3回ノックして「失礼します」と一礼して中に入りますが、和室となると？　つい癖で立ったまま挨拶しそうになったりします。引き戸を開けたとたん、一瞬どうしていいのかわからず、中腰のまま挨拶してしまったという友達がいました。和室での立ち振る舞いができると、とてもスマートな印象を受けます。茶道などの流派によって多少違いはありますが、基本的なマナーだけでも、押さえておきましょう。訪問先のお宅に上がる時には素足は失礼です。必ず、靴下かストッキングを履いて行きましょう。

靴を脱いだらそろえましょう

挨拶は座ってしましょう

正座をした状態で膝の前に手をつき、上体を45度くらい傾けましょう。

ふすまなどは複数回で開けましょう

1―引き戸の前に座り、「失礼します」と声をかけ、引き手に近いほうの手をかけ、5㎝ほど開けます。

2―その手をそのまま敷居から30㎝くらいの高さのところまで下ろし、身体の中央まで開けます。

3―手を替え、さらに開けます。最後の5㎝くらいの手がかりを残します。

4―再度、「失礼します」とお辞儀をしてから立ちます。

5―床の間から遠いほうの足から、敷居を踏まないように部屋に入ります。

閉める時は、開ける時と逆の作法で

ふすまに向かって座り、引き手に近いほうの手を敷居から15㎝くらいの高さのところで身体の中央まで閉めます。手を替え、敷居から30㎝くらいの高さのところに手をかけ、残り5㎝くらいまで閉めます。同じ手を引き手にかけ、静かに全部閉めます。

ふすまを3回に分けて、少しずつ間をあけながら開けるのは、ノック同様、相手への心遣いです。

敷居、畳縁を踏まないようにしましょう

戦国時代、部屋に畳を敷けるのは富と格式の象徴で、畳縁に各家を表す色や家紋が入っていました。その家の顔と言うべき家紋を踏むのは失礼にあたります。

また、畳縁は畳を支えているため踏むと畳縁が早く傷んでしまうから、畳はすり

足で歩くので畳縁の微妙な段差でつまずかないように、など踏んではいけない理由は諸説あります。

歩く時はすり足で

歩く時はなるべく、すり足で歩きましょう。手は自然に腿の上に置き、視線は２mくらい先の床を見ます。すり足は、足音を立てず、ほこりを立てず、和室の静寂を乱さない歩き方なのです。

上座と下座を知っておきましょう

入り口から遠く、床の間に近い場所が上座になります。その逆が下座です。また、上座の後ろは通らないようにしましょう。

64

生活

世界を魅了する
BOROと刺し子の世界

刺し子をひと針ひと針刺す時間が好きです。

機械では出せない素朴な線、人の手でしか出せない温かさ。七宝つなぎ、亀甲、麻の葉、青海波、分胴つなぎなど、刺し子で描かれたふきんを見ると、かわいくてほっこりします。

ちくちくする時間はまるで瞑想や写経をしている時と同じ。時間を忘れて没頭していると、脳までも真っ白にお休み状態になって、マインドフルネスな時間になります。

複雑な柄は刺せないけれど、あらためて刺し子の歴史を知ると、とても尊い祈りの時間のように感じます。

日本ではそれほど評価されていないけれど、奇跡のテキスタイルと呼ばれ、世界のアート・ファッション・テキスタイル界で注目されているものの一つに「ＢＯＲＯ」があります。いわゆる、ボロボロになった古着のボロです。

江戸時代、庶民は木綿や麻を着ていました。何枚も着物を持つことはできなかったので、汚れたりほつれたりしたら補修しながら、冬には綿を入れ、春には綿を抜いて仕立て直す、女性が家族全員の衣類の始末をしていました。特に東北地方は綿花の栽培ができず、綿の着用も禁じられ、麻を着ていました。

ＢＯＲＯは江戸時代から昭和まで、青森を中心に東北地方の寒冷地で、寒さをしのぐ保温の目的と、ほつれてボロボロになった衣類にあて布を重ね、刺し子で補修し、何年も使い続ける地域に根づいた知恵、伝統文化です。中には二代、三代にわたって補修し受けつがれたＢＯＲＯが残っているそうです。単なる貧しさの象徴としてのボロではなく、古くなったものを再生する知恵、長く大切に使うサブステナブルな精神、そこから生まれたテキスタイルとしての刺し子の美しさが世界を魅了しているのだと思います。

こうして刺し子は、青森、秋田、会津、飛騨高山など寒冷地で根づいた刺繍ですが、布を何枚も重ね、細かく糸を刺していけば保温性が高まるという生活環境から生まれた技術です。

特に青森県津軽の「こぎん刺し」、青森県南部の「南部菱刺し」、山形県庄内の「庄内刺し子」は、日本三大刺し子と言われていますが、それはそれは美しいです。また、秋田をはじめ日本各地には、母親が娘の嫁入りに刺し子のふきんを何枚も作って持たせた、花ふきんという風習がありました。細かい線で描かれるかわいらしい幾何学模様には、さまざまな願いや祈りが込められています。そんな刺し子の祈りやBOROの精神が少しでも日本に残ってほしいなと願っています。

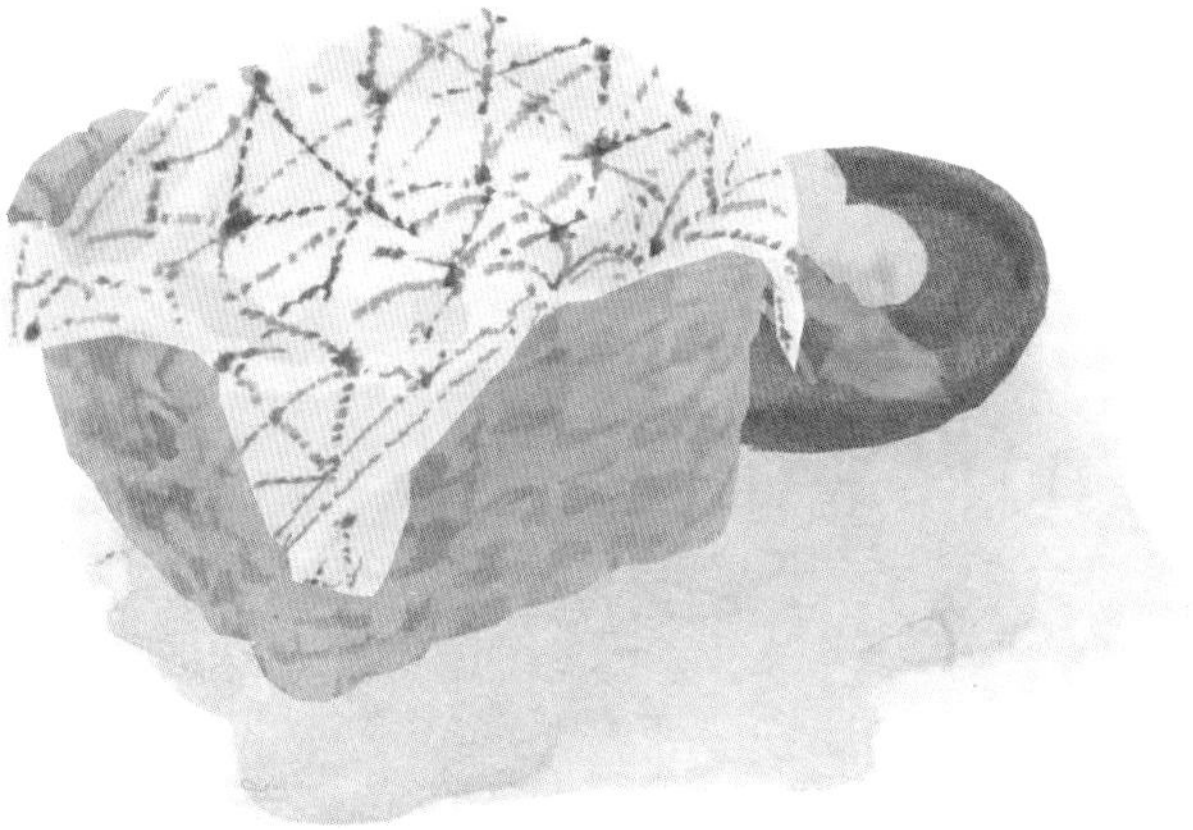

65

生活

月の満ち欠け たまには夜空を見上げてみよう

日本人が月を愛でるようになったのは縄文時代から、貴族の風流な遊びとして月見の宴をしたのが平安時代、庶民の間にお月見の習慣が広がったのは江戸時代と言われています。昔の人は月をそのまま見るだけでなく、水面にうつった月を愛でるのが雅とされたと聞くと、本当に素敵な感性だなと思います。

旧暦8月15日の満月「十五夜」が「中秋の名月」とも呼ばれるのは、旧暦では7〜9月が秋で、8月15日がちょうど秋の真ん中にあたるからです。江戸時代、十五夜を見て、十三夜の月を見ないのは「片見月」と縁起が悪いとされたそうです。また江戸の三大月見は、その2つに加えて「二十六夜待ち」。満月以降の月は、月の出が遅くなるので、月が出てくるまでの「月待ち」の時間を楽しんだのです。二十六夜は深夜から明け方に昇ってくる逆三角形の月で、その月を待つまでの間宴を楽しんだようです。

明治時代に入り太陽暦を使うようになるまで、日本では太陽と月の動きがカレンダーであり、時計でした。月の満ち欠けとともに穀物が成長することから、お月見は秋の実りに感謝する意味があります。

新月から満月、そして再び新月まで、十五夜以外にも、少しずつ変わっていく月の形に素敵な名前がついています。

月の満ち欠けと呼び名

月齢1　新月・朔

月齢2　繊月

月齢3　三日月

月齢10　十日夜

月齢11　十日余りの月

月齢13　十三夜

月齢14　小望月・待宵の月・幾望

月齢15　満月・望月

月齢16　十六夜・不知夜月

月齢17　立待月

月齢18　居待月

月齢19　臥待月・寝待月
月齢20　更待月
月齢21　二十日余りの月
月齢23　二十三夜
月齢26　二十六夜
月齢29　晦日月・三十日月

お月見には、すすきに団子を用意してお供えします。すすきは厄除け、穀物の豊作祈願、収穫への感謝を込めて、お月様に見立てたお団子を作ります。

お団子は地域によって違い、東日本は丸い団子、西日本では十五夜を「芋名月」と呼ぶことから里芋を模して俵型のお団子を作ります。十三夜にはお団子13個、十五夜にはお団子15個をピラミッド状に積みます。お供え終わったら、あんこ、きなこ、みたらしのたれ、ごまなどをつけていただきましょう。

66

装い

真田紐でマイサイズの帯締めを作ろう

関ヶ原の戦いで敗れた戦国武将・真田昌幸、幸村が九度山に蟄居させられた時に家臣たちに上質な紐を織らせたことで、その名がつけられたという真田紐。

真田紐には、木綿や絹の縦糸と横糸で織った幅の狭い平織り、筒状に織られた袋織りの平らな紐があります。幅は二分（約6㎜）から十分（約30㎜）、色柄も数十種類と豊富です。世界でも稀に見る美しく細い織物です。結び直しやすいことから荷紐に使われ、伸びにくく丈夫なことから重いものを吊り下げることができます。雨に濡れても滑りにくいことから刀の下緒や甲冑などに使われていました。

その丈夫さに目をつけた千利休が茶碗を入れる桐箱の箱紐として使用するよう

になりました。家紋のように、さまざまな流派、作家、寺院が独自の柄を使用することで、桐箱を一見して所有権がわかるように真田紐を使いました。それは450年経った現在でも引き継がれています。

真田紐を帯締めに

着物を着る時、私はコーディネートのポイントとして、よく帯留めをつけます。帯留めをつける時の帯締めは、少し細めの三分紐。細いのが好きなので二分紐の

時もあります。一般的に帯締めは柄物が少ないので、ポップなものから渋いものまで色柄の豊富な真田紐は帯締めに最高です。木綿と絹があるので、好みで選べます。また、丈夫で滑らないので、キリッと締められるのも魅力です。

そして、真田紐を帯締めとして使うのによいのが、自分の好みの長さで作れるところ。体形によって既製品では長すぎる、短すぎると感じることもあると思います。自分の最適な長さを見つけるとスッキリ快適です。帯締めとして使う場合、真田紐の切りっぱなしの端を自分で処理をする必要があります。簡単なので、試してみてほしいと思います。

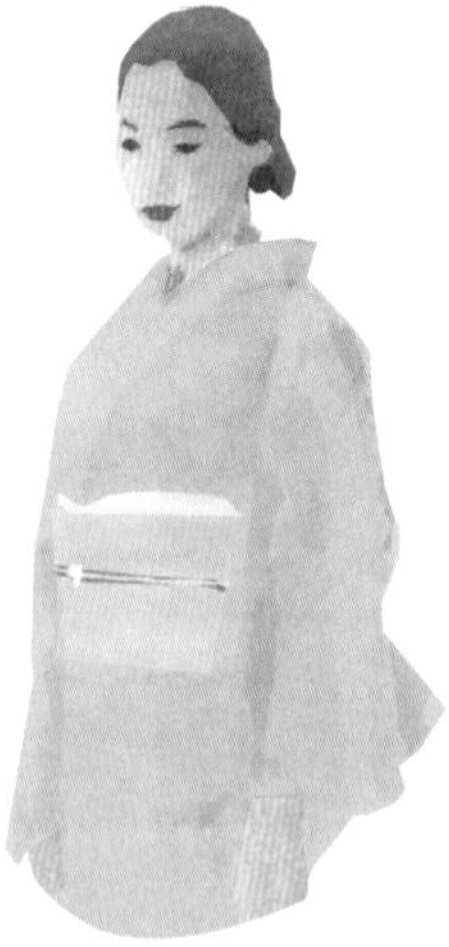

真田紐の端の処理

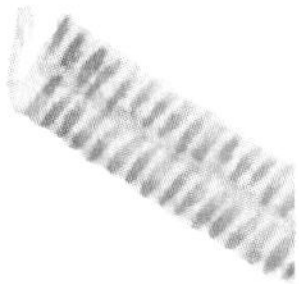

1 巻きで購入した場合の切口に糸が出た状態。

2 横糸を引っ張ってほどく。

3 引き伸ばした糸を二つに分ける。

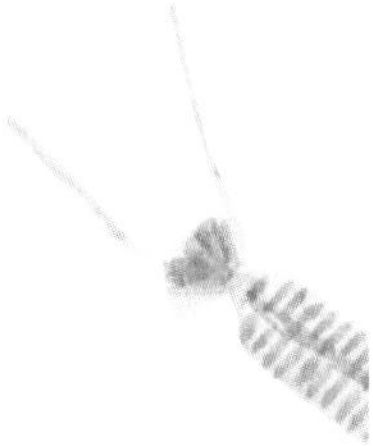

4 二つに分けた糸をそれぞれ反対方向に巻きつけて結ぶ。

5 余分な糸を切る。

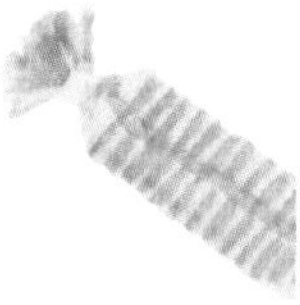

6 房を整えて完成。

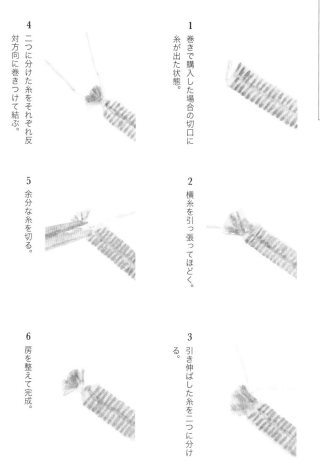

67

装い

ブローチ、箸置き、ボタンで帯留めを作ろう

着物の楽しさの一つが、季節のものをどこかに盛り込んだり、何かテーマを決めてアイテムを入れたり、アクセントになる色柄を取り入れたりと、無限大なコーディネートです。着物や帯柄に盛り込みたいところですが、なかなか高額になってしまうし、季節限定柄は着る時期が絞られてしまいます。

着物を着ている方と会った時、正面からパッと目につく場所は衿元と帯留め。ちょっと小洒落た帯留めをしているとコミュニケーションのきっかけになって話が盛り上がります。

私も着物を着始めた頃からずっと帯留めを手作りしてきました。

手作り帯留めのポイントは帯留め金具です。貼りつけるだけの大小の帯留め金具、ブローチをそのまま帯留めにするための金具といくつか種類があります。用途に応じて使い分ければ、さまざまな帯留めを簡単に作ることができます。

一番簡単なのは箸置きです。裏側に帯留め金具を接着剤でつけるだけ。着物を着始めると箸置きは帯留めにしか見えなくなってしまいます。

春には桜、夏にはガラスの涼しげなものやペンギン、秋にはどんぐりや栗、冬には雪だるまや白くまなど、和から洋まで、さまざまな選択肢があって迷います。

箸置きを選ぶ時の注意点は、裏側を必ずチェックすること。裏側に帯留め金具を貼りつけるので、金具より面積が大きいこと、平らになっていること。ときどき、裏側にくぼみがあるものもあるので注意です。

くるみボタンも楽しいです。アンティークの生地や洋柄の生地を選んでくるみボタンを作ります。くるみボタンも大中小いろいろ大きさを選べます。小さいのを3つくらい並べてつけても素敵です。好みのサイズを選びましょう。
ポイントはあまり大柄だと何の柄かわからなくなるので、小さめの柄がよいと思います。柄の選び方に個性が出て面白いところです。

ブローチにはブローチ専用の金具があります。ブローチを帯留めにできると、コーディネートの幅が広がります。私は日本でもアメリカでもアンティークブローチが好きで、よくアンティークマーケットに行って探します。ブローチが入ると和に偏りすぎず、洋の要素が新鮮です。注意すべきは針先の部分。針先が飛び出していると帯を傷つけたりするので、金具につけてみて確認しましょう。

68

心

お洒落への執念
四十八茶百鼠、藍四十八色

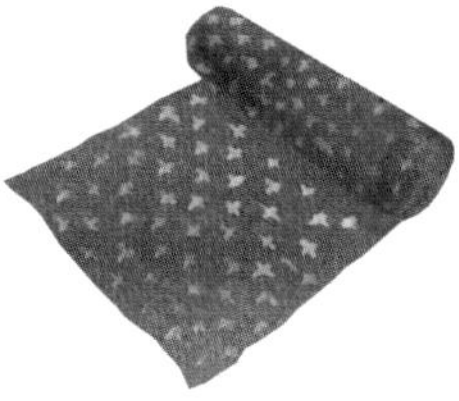

2019年即位の礼で天皇陛下がお召しになっていた装束は「黄櫨染《こうろぜん》」という色でした。この色は古来から現在においても天皇以外が着ることを許されない禁色です。即位の礼のタイミングで生きていなかったら、もしかしたら見ることがなかった色かもしれません。

現代では、身分によって着る色が決められるなんて想像もつかないですが、戦もなく平和な江戸時代、商売に成功した町人たちが金糸刺繍や鹿の子絞りなど、着物にどんどん贅を尽くすようになります。そこで幕府は幾度となく奢侈《しゃし》禁止令を出し、庶民の衣食住を細かく制限しました。

中でも庶民の着物の素材は麻か綿、贅沢な刺繍や染めなども禁止され、色は茶色、鼠色、藍色のみと、素材、色、柄にまで細かく規定されたのです。

そこで生まれた言葉が「四十八茶百鼠」です。幕府に規制されてお洒落を諦める江戸っ子ではありません。同じ茶色や鼠色でも人と違う色が着たいと、職人と工夫しながらたくさんの色調の茶色と鼠色を作り出し、利久茶、芝翫《しかん》茶、千歳《せんざい》茶、團十郎茶、江戸茶、梅鼠、葡萄鼠、藍鼠、銀鼠など、新しい色名が生まれたのです。ちょうどこの頃、羽織の表地は地味な茶色か鼠色で、外から見えない裏地を派手な柄物にした「裏勝り」が流行りました。

四十八、百というのは実際の色数ではなく、「たくさんの」という意味です。実際にはそれ以上の色数があります。

また、「藍四十八色」も同様、藍染の際に微妙な色調で染められる、藤納戸《ふじなんど》、水浅葱《みずあさぎ》、縹《はなだ》色、熨斗目《のしめ》色、鉄紺、新橋色、高麗納戸《こうらいなんど》など、藍色がたくさんあります。

当時のこの藍色の美しさをラフカディオ・ハーン（小泉八雲）が随筆『日本の面影』の冒頭、「東洋の第一日目」で描いています。私は彼が生まれて初めて目にした日本の描写が美しくて大好きです。

〝まるでなにもかも、小さな妖精の国のようだ。人も物もみんな小さく、風変わりで神秘的である。青い屋根の小さな家屋、青いのれんのかかった小さな店舗、その前で青い着物姿の小柄な売り子が微笑んでいる〟

〝見渡すかぎり幟が翻り、濃紺ののれんが揺れている。かなや漢字の美しく書かれたその神秘的な動きを見下ろしながら、最初はうれしいほど奇妙な混乱を覚えていた〟

〝着物の多数を占める濃紺色は、のれんにも同じように幅を利かせている。もちろん、明るい青、白、赤といった他の色味もちらほら見かけるが、緑や黄色のものはない〟（『新編　日本の面影』ＫＡＤＯＫＡＷＡより）

この日本人の繊細な色調を生み出す感性は、なかなか素敵だなと思います。

69

装い

若々しい人はみな艶髪 つげ櫛が髪によい理由

最近、いくつになっても若々しい人は、みんな髪が美しく艶やかだなと思うのです。艶髪はちょっとくらいのシワをカバーしてくれるのです。でもシャンプーやトリートメントなどヘアケア商品に興味があっても、意外にブラシにはこだわりのない人が多いのです。乾燥する季節は、特に髪のパサつきや傷みが気になります。プラスチックなどのブラシは、抜け毛、切れ毛、枝毛など、髪を傷める原因である静電気が起きやすく、髪に無理な力がかかってしまいます。

私は基本、ショートヘアですが、ヘアカラーによるパサつきや乾燥は気になります。いろいろ試して最終的に行き着いたのが、つげ櫛です。昔から櫛の中で、つげが最も髪をとかすのに適している素材だと言われています。

つげの木は生育が遅く、材料として切り出せるのに50年はかかると言われています。この一本の原木から製材、煙で乾燥、板締めで矯正した後、さらに何年も寝かせます。目が細かく硬くしまった木を櫛やブラシに加工するには、職人さんの高度な技術が必要となります。つげは硬さと適度なしなやかさを持ち合わせているため、マッサージ効果もあり、頭皮の状態を整えてくれます。また、つげ櫛は椿油を何度も染み込ませて作られているため、毎日使うことで髪の艶を引き出します。つげ櫛は摩擦が少なく静電気が起こりにくいのも特徴です。本当に髪によいことずくめなのです。

つげ櫛のお手入れ

ただ一点、つげ櫛にはお手入れが必要となります。つげ櫛は使い込むほどに飴色に変化していき、自分だけの櫛に育てていくことができる楽しさがあります。このお手入れさえ怠らなかったら、一生ものとして使っていけるのです。面倒に思えるかもしれませんが、このお手入れが「つげを育てる」と言われる所以なのです。

私は2カ月に一度くらいのペースで、つげ櫛のお手入れをしています。つげ櫛は水と熱に弱いので、お水やお湯でジャブジャブ洗わないでくださいね。洗剤も不可です。またドライヤーを当てる時は使わないようにしましょう。

【お手入れに必要なもの】

・お手入れ用ブラシ（歯ブラシでＯＫ）

・市販の椿油（オリーブオイルでも可）

【お手入れの手順】

1―化粧用コットンなどに椿油を染み込ませ、つげ櫛を両面拭く。

2―歯の間の汚れをブラシでこする。

3―ラップを敷いたお皿（トレー）に櫛を置いて、椿油をたっぷりかけてラップをかぶせる。　＊ファスナーつき密閉袋などに櫛を入れてもよいです。

4―一晩置く。

5―翌朝、取り出して、ティッシュなどで油を拭き取る。

椿油につけておく時間は、私は一晩にしていますが、数時間でも、2、3日でも大丈夫だそうです。しっかり椿油をつけることで、櫛に汚れがつきにくくなり、お手入れも楽チンになっていきます。

70

装い

旅先で着物を着る

着物で旅行に行く時、どんなふうにしていますか？と、よく聞かれます。旅行にもいろいろあり、日本国内、海外でも行先や期間によっても違います。着物だけで行く場合、旅行の一部を着物で過ごす場合とで荷物の準備も違います。

着物は寒ければ羽織ったりできますが、暑いからといって脱げません。移動の新幹線は暑いし、飛行機は寒いので、季節によって羽織ものや長襦袢で調整が必要になります。快適に過ごすために、どうしても気温やお天気に敏感にならざるを得ないのが着物です。そこがよいところでもあります。

着物旅のポイントは、いかに荷物を軽くするか、だと思っています。移動の際に着物で荷物を運ぶこともあるからです。海外でもＬＬＣの航空会社の荷物の重量制限が厳しいので、いつも重さとの戦いになります。

【日本国内旅行】

日本国内の2、3日の出張や旅行なら、洋服と着物を混ぜると、かえって荷物が増えるので洋服か着物かのどちらかにします。着物にする場合の持ち物は、

・着物1枚　・リバーシブル半幅帯1本
・名古屋帯1本　・リバーシブル三分紐1本
・帯揚げ2枚　・帯留め2個

という感じです。リバーシブルの半幅帯は、行き帰りの新幹線や飛行機で変えます。着物と帯が同じでも、帯揚げ、帯締めの色、帯留めが違うだけでもずいぶん印象が違います。長時間の移動には帯枕は疲れるので、矢の字結びやかるた結びで、なるべく背中はぺったんこにします。

【海外旅行】

私は海外旅行で着物を着るかどうかは、まず「治安」を考えます。国によってはスリ対策、治安の悪い時期や場所があるので、トラブルに巻き込まれないようよく調べます。私はひとり旅が多いので、英語が通じない国に行く時は、特にいざという時のことも考えておかないといけないと思っています。

海外ではホテルの部屋に姿見があるとは限りません。常にお天気がよいとも限りません。東南アジアでは雨季もあります。ヨーロッパではストで飛行機が飛ばないこともよくあるし、スーツケースが行方不明で出てこないこともよくあります。またヨーロッパは石畳のところが多いので、草履で歩くのは意外に難儀です。なかなかの気合とリスクマネージメントが必要です。

毎日、着物で過ごしても全く平気というくらい慣れている方であれば、海外旅行をずっと着物で過ごすのもよいと思います。現地にお友達がいて、滞在中に一緒に過ごすなら問題ないかもしれません。

RESTAURA

とはいえ、海外で着物を着ることのメリットはたくさんあります。着物ならではの素敵な経験もたくさんします。松本幸四郎さんがラスベガスで歌舞伎公演をされた時、友達と連れ立ってラスベガスのホテルにある高級レストランに行きました。ホテルの部屋からレストランにたどり着くまで、たくさんの方に声をかけられ、写真を撮られ「一生分のＢｅａｕｔｉｆｕｌを言われた気がする」なんて、みんなで笑いました。多くの方は、Ｋｉｍｏｎｏは知っているけれど実際に見るのは初めてで、着ているだけで喜ばれるのはうれしいものです。また、普段はたとえ一流レストランでもアジア人にはなかなかよいお席を案内されることは少ないのですが、この時ばかりは窓際の最高のお席に案内されました。アメリカにいれば自分が「アジア人」であることを痛感しますし、差別的な扱いをされることもあります。でも、さすが着物、と思った経験です。旅先では移動の疲れ、気候の変化、ついせっかくだからと無理をしがちです。とにかく旅先では、決して無理をしないようにしたいものです。

海外で着物を楽しむ

私は海外に行った時には、どこかの国で必ず1回は大好きな舞台を着物で観に行くと決めています。東京の歌舞伎座、パリのオペラ座、ロンドンのウェストエンド、プラハ国立歌劇場、ベネチアのフェニーチェ劇場など、その国の一番素敵な劇場で、オペラやバレエやコンサートなどを観る時、その夜のためだけに着物を持っていきます。洋服ならイブニングドレスを持っていく感じですね。お洒落した人たちが集まる場所で、私も着物を着ていると必ず、たくさん声をかけられ喜んでもらえます。私は終始、着物を着て過ごすことより、そのちょっとがんばってお洒落をして出かける一晩がいいな、と思っています。必ず、旅の一番の思い出になります。そしてその後も、その着物を見るたび着るたびに、旅先の情景を思い出すことができるのです。

パッキングのコツ

旅行に着物を持っていく場合、なるべくスーツケースの中の隙間をなくすこと。隙間があると荷物が偏って着物がシワになります。スーツケースは仕切りや段差のないものが理想です。

旅先でアイロンをかけるのは億劫なので、なるべくシワにならないパッキングを心がけます。硬い帯を一番下に、着物を畳んだ間に着付け小物などを挟みます。草履は荷物で鼻緒が潰れてしまうので、必ず鼻緒枕を挟みます。風呂敷に分別してパッキングすると、変幻自在に隙間を埋めることができるのでおすすめです。海外のホテルは靴で出入りしますし、床がきれいとは限りません。大きめの風呂敷は、いざという時に衣装敷きの代わりにもなります。

忘れがちなもの

着物の場合、忘れ物をした時、現地調達が難しいもの。海外となれば、諦めるしかありません。私の経験から、忘れ物ナンバーワンは衿芯です。足袋が両方同じ右だけってこともありました。仮紐も忘れがち。腰紐は少し余分に、足袋は念のため、タビックスを1組入れておきます。

ちなみに衿芯を忘れた時は、薄手のボール紙やファイルケースを切って代用したことがあります。仮紐はとりあえず、帯締めで。日本だったのでなんとかなりましたが、海外では無理なので、海外旅行の場合は持ち物チェックリストを作りましょう。

あまり、あらたまって聞かれたことはないけれど、私が思う日本の最強なところ、二つあります。

一つは「智慧と工夫」です。

江戸時代の奢侈禁止令で着るものの色を限定された時、その色を何十種類と生み出して楽しんだり、一枚の布っきれである手ぬぐいを衣食住のあらゆる場面で使えるようにしたり、現代でも狭い空間を無駄なく有効に使えるように、あらゆるサイズの隙間家具を作ったり。

ご紹介した和の習慣の中にも、たくさんの智慧と工夫が見られたと思います。与えられた環境の中で、楽しく快適に暮らしていくために視点を変えてみる、他にできることはないか問うてみる、楽しさの糸口を見つける。智慧を絞り、工夫をするには大らかさも必要です。この「智慧と工夫」は私が物事を考える時、何かに迷った時の指針でもあります。

もう一つは「感謝と祈り」です。

日本には季節に合わせた習慣や行事がたくさんあります。その行事や習慣を一つひとつ見てみると、そこには必ず感謝と祈りがあります。昔から自然災害が多かった日本で人々が生きていくために、災害が起こることなく作物が実ることを太陽に、月に、空に、山に、海に、土地土地の神様に、ご先祖様に祈り、そして収穫するたびに感謝し、また祈り……を続けてきたものが残っているのです。

すべてに神が宿るという発想。最強だと思います。

この「感謝と祈り」はどんな時も、誰かのせいにせず、自分を責めるのでもなく、ただ我がこととして受け入れ、前に進む力を授けてくれるように思います。

考えてみると、私が世界中どこに行っても強く生きられる気がする……むしろ、もっと自由になれる気がする、と根拠なき自信が持てるのは、この二つの指針があるからかもしれません。

あらためて、いろいろ考えさせられた一年でしたが、この本をお届けできたことにホッとしています。これからも与えられた環境の中で、目の前の大切な人と、私が楽しいと感じること、大切だと思うことをコツコツと続けていきたいと思います。

君野倫子

制作スタッフ

デザイン　3Bears（佐久間麻理）
イラスト　よしいちひろ
編集長　　山口康夫
編集　　　見上 愛

これからの暮らしにちょうどいい。楽しく続けられる和の習慣70

2020年11月1日 初版第1刷発行

著者　君野倫子
発行人　山口康夫
発行　株式会社エムディエヌコーポレーション
〒101-0051　東京都千代田区神田神保町一丁目105番地
https://books.MdN.co.jp/
発売　株式会社インプレス
〒101-0051　東京都千代田区神田神保町一丁目105番地
印刷・製本　シナノ書籍印刷株式会社

Printed in Japan

◎落丁・乱丁本などのご返送先
〒101-0051　東京都千代田区神田神保町一丁目105番地
株式会社エムディエヌコーポレーション カスタマーセンター
TEL：03-4334-2915

◎内容に関するお問い合わせ先
info@MdN.co.jp

◎書店・販売店のご注文受付
株式会社インプレス　受注センター
TEL：048-449-8040／FAX：048-449-8041

ISBN978-4-295-20038-3
C0076